CW00531298

Ouvrage édité une première fois en 2001.

Conception graphique et mise en pages : Laurence Maillet

© Flammarion, Paris, 2014
Tous droits réservés
ISBN : 978-2-7066-0097-5
N° d'édition : L.01EPMN000239.N001
Dépôt légal : octobre 2014
editions.flammarion.com

# JARDINS SECRETS

## de *Paris*

ALEXANDRA D'ARNOUX ET BRUNO DE LAUBADÈRE

*Photographies*
GILLES DE CHABANEIX

Flammarion

# SOMMAIRE

# un PARIS *méconnu*

PARIS EST UNE VILLE MYTHIQUE, CÉLÈBRE DANS LE MONDE ENTIER POUR LA BEAUTÉ DE SES MONUMENTS, LA RICHESSE DE SES MUSÉES, LA CRÉATIVITÉ DE SES ARTISTES… PARIS EST AUSSI UNE VILLE CHARGÉE D'HISTOIRE, ET S'Y PROMENER, C'EST UNE MANIÈRE DE VOYAGER À TRAVERS LES SIÈCLES.

Mais ce que Paris offre immédiatement au regard n'est qu'une partie de la réalité de la ville. Derrière la façade brillante et connue de tous, se cache un Paris inconnu. Les immeubles qui alignent leur apparence cossue le long des grandes avenues dissimulent un autre monde, un domaine secret dans lequel il est difficile de pénétrer : celui des jardins privés. Élaborés patiemment, au fil des ans, par leurs propriétaires ou dessinés par de célèbres paysagistes, ce sont de véritables enclaves de verdure et de fleurs qui font de Paris une ville jardin exceptionnelle.

Il suffit de pousser une lourde porte cochère et de traverser une magnifique cour d'honneur, et voici que l'on découvre un premier univers remarquable dans sa rigoureuse beauté : les jardins classiques de Paris n'ont pas fini de nous surprendre par leurs proportions harmonieuses, leur tracé qui obéit à la règle mais à travers d'infinies variations, leur recherche passionnée de l'équilibre et de la mesure.

Des allées de tilleuls, des ifs et des buis taillés au cordeau ou en boule, peu de fleurs – des roses, des hydrangéas –, des pelouses semblables à des joyaux : tels sont les éléments essentiels dont va jouer le créateur d'un jardin classique. Les jardins classiques sont situés le plus souvent Rive Gauche, dans l'ancien Faubourg Saint-Germain où, aux XVIIe et XVIIIe siècles, furent édifiés les plus beaux hôtels particuliers. Certains des jardins classiques présentés ici ont une allure majestueuse ; d'autres, au contraire, ont la simplicité et le charme raffiné qui accompagnaient les folies du siècle des Lumières ; d'autres enfin, peut-être parce qu'ils sont de petite taille, ont la préciosité d'une miniature. Mais tous ont en commun ce caractère très pensé, très abouti, qui est la marque du jardin à la française.

Les jardins secrets de Paris ne sont pas tous empreints de classicisme. D'autres styles de jardins occupent le domaine privé de la capitale. Nés de la passion de leurs propriétaires

qui les ont voulus – consciemment ou incon-sciemment – à leur image, ils frappent par leur fantaisie et leur diversité, leur originalité et le reflet qu'ils donnent de l'esprit du quartier qui les abrite. On sait que Paris se compose d'une multitude de villages qui, au fil du temps, se sont unis sans rien perdre pour autant de leur identité. C'est en se promenant dans certains de ces anciens villages que l'on peut décou-vrir ces jardins qui méritent le qualificatif de pittoresques. Chacun d'entre eux est une sur-prise, un dépaysement. Ainsi, ce jardin roman-tique du 9e arrondissement évoque irrésistible-ment Balzac et son temps. Le dernier potager de la capitale, qui tourne le dos au cimetière du Père-Lachaise, rappelle, quant à lui, que les faubourgs de Paris étaient encore, il n'y a pas

si longtemps, une verte campagne. Au cœur du Marais, un autre jardin, à la mine insouciante et bon enfant, démontre que les maisons de famille existent toujours, même à Paris.
Différents et toujours inspirés, les jardins de créateurs ne dédaignent pas le pittoresque. Tirant parti du plus petit espace ou de la terre la plus ingrate, ils séduisent par les trésors d'ima-gination dont ils sont le fruit. Ils témoignent aussi du respect amoureux que leurs créateurs éprouvent pour la nature, soucieux qu'ils sont d'apporter leur petite obole à sa préservation.

Les jardins secrets de Paris sont parfois étranges : non seulement ils constituent des îlots de nature au cœur de la ville, mais il leur arrive d'être comme une parcelle du bout du monde, d'un ailleurs mythique et fascinant. Depuis que les voyageurs occidentaux ont ramené de leurs périples des descriptions extraordinaires de l'art paysager extrême-oriental – sans oublier qu'ils rapportaient dans leurs bagages des graines et des boutures –, le goût de l'exotisme a fait son chemin. Dès le XVIII siècle, on ne se lassait pas d'introduire des motifs exotiques dans les parcs et les jardins européens. En France, avant la Révolution, il était à la mode d'orner les plus beaux parcs situés autour de Paris de fabriques représentant les différentes cultures et civilisations du monde – on peut citer, dans cet esprit, la Tour du désert de Retz, la pagode de Chanteloup, les grottes chinoises ou le sémaphore de Méréville. Ce goût pour l'ailleurs est encore vivace et notre promenade s'achèvera sur ces jardins exotiques qui sont une invitation au voyage.

Tous ces jardins forment une mosaïque de paysages qui compose la géographie secrète de Paris. En effet, ces enclos de verdure déjà dissimulés derrière les immeubles n'apparaissent jamais sur les plans de la capitale. Officiellement, on ne les connaît pas, mais on devine parfois leur présence lorsqu'au printemps, en marchant dans une rue grise, le chant d'un oiseau traverse l'après-midi, lorsque la cime d'un arbre dépassant d'un mur se découpe soudain contre le ciel ou lorsque l'on aperçoit, en passant devant une porte cochère qui se referme, la silhouette d'un lierre centenaire.

Ces impressions, ô combien fugitives, procurent aux citadins que nous sommes des instants de bonheur intense comme si les murs de Paris devenaient transparents, révélant tout à coup la face cachée de la capitale.

En ville, ces jardins sont les oasis de l'univers de pierre, d'acier et de verre qui est le nôtre. Ils sont le lien avec les saisons, avec le temps qui passe sans hâte. Les jardins sont le lien avec la vie.

# *Jardins*
# CLASSIQUES

# Un jardin
# D'OMBRE
## pour fêter les éclats du printemps

LE 7ᴱ ARRONDISSEMENT DE PARIS EST SANS DOUTE CELUI QUI COMPTE
LE PLUS D'HÔTELS PARTICULIERS DOTÉS D'UN JARDIN.

Sur la troisième terrasse,
tables et chaises sont placées
près de l'Apollon, dont
la blancheur de marbre éclaire
les ombres des grands
marronniers.

*Double page suivante :*
vue d'ensemble du jardin.
Le bassin, orné d'une très
belle urne, est bordé d'une
pelouse entourée de parterres
de tulipes. Au second plan,
une mystérieuse complicité
unit l'Apollon et sa déesse.

Aujourd'hui, il est difficile d'y trouver un terrain disponible, mais cette difficulté n'est pas tout à fait insurmontable et incite certains amateurs à prendre en main des lieux ingrats, mal exposés, qu'ils transforment en véritables paradis, après un travail d'authentique création. Comme l'écrivait Paul Valéry, « on pense comme on se heurte ». La difficulté, quand on l'affronte, stimule l'esprit d'invention, la richesse, l'intelligence… De l'obstacle naît la création. Le plus beau jardin n'est-il pas celui, devenu lumineux par son tracé et son éclat, qui est sorti d'une friche ne connaissant que l'ombre ? C'est ce qui est arrivé ici. Ce terrain, encaissé et orienté presque plein nord, est devenu un jardin où le printemps se fête avec la plus grande fraîcheur et le plus bel éclat qui se puissent rêver. Quand les propriétaires actuels ont déniché ce lieu, ils ne pensaient pas réussir à métamorphoser en jardin ce qui n'était qu'un espace pris entre deux hauts murs, écrasé par l'ombre de grands marronniers. Le risque fut pris et le pari gagné. L'ancienne propriétaire, ravie de la métamorphose, offrit au jeune couple un magnifique Apollon, cadeau de bon augure.

Les nouveaux venus firent appel à leur amie Arabella Lenox-Boyd, célèbre paysagiste anglaise, qui structura l'espace en trois parties. Celle du bas a été conçue comme une terrasse de plain-pied avec la pièce principale où il est délicieux, au printemps, de prendre le petit déjeuner. Deux petits escaliers conduisent à la seconde terrasse, la plus fleurie, la plus lumineuse du jardin, la plus présente aussi quand on est à l'intérieur de la maison. De larges escaliers permettent enfin d'accéder au dernier « jardin » orné de deux grandes gloriettes, symétriquement placées de chaque côté. Il est habité par l'Apollon qui, placé en angle, domine l'ensemble du jardin. Ici, c'est le salon de verdure, merveilleux pour les dîners et les réceptions.

Reflet du bouillonné des
rideaux dans le bassin central.
Le foisonnement d'une grande
fraîcheur des tulipes 'White
Triumphator' et 'White Parrot'.
Enfilade de buis taillés
en toupies.

Une fois le dessin tracé, Arabella Lenox-Boyd s'est attachée à créer des merveilles avec les plantations de fleurs. Les platanes ont été soigneusement éla-
gués pour mieux laisser pénétrer la lumière et les murs aveugles, recouverts
d'un beau treillis offert à l'escalade du lierre.

Huit camélias en pot et, sur les côtés, des *Agapanthus* 'Albus', des lierres, des
*Wisteria sinensis* 'Alba' ainsi que des *Clematis montana* 'Alexander' et *spooneri*
habillent la première terrasse.

« De la fenêtre de la chambre, c'est un très grand plaisir de voir, l'hiver, ces
camélias en fleur », confie la propriétaire. Elle a voulu, en accord avec son
mari, un jardin où il y ait beaucoup de plantes à feuillage persistant, plutôt
qu'un jardin de fleurs, mais tous deux adorent, au début du printemps, l'en-
tracte magnifique qu'introduisent les centaines de tulipes blanches et vertes,
*Tulipa* 'White Triumphator' et *T.* 'White Parrot', suivies par les *Lilium regale* qui
fleurissent les bordures de la deuxième terrasse. Les escaliers qui conduisent
à la seconde partie du jardin sont soulignés, sur les côtés, par des massifs
d'hydrangéas 'Mme Émile Mouillière' et de céanothes 'Blue Mound' dans des
tonalités bleues et blanches. Bleu foncé, bleu-gris, bleu-vert et blanc sont les
couleurs dominantes du jardin, couleurs que l'on retrouve aussi sur la façade.
Le jeu des droites et des courbes constitue tout l'équilibre du jardin. Sur la
seconde terrasse, la pelouse épouse la forme rectangulaire du bassin encadré
de dalles : la droite est affirmée par la présence de troncs d'arbres qui sont
comme des colonnes. Mais elle est adoucie par la courbe des buis taillés en
boule et, plus loin, par celle du dôme des gloriettes. Deux houx en tige, installés de chaque côté des marches, marquent l'entrée du troisième « jardin ».
Leur symétrie reprend celle des gloriettes où sont placés des fauteuils de jardin
et des bancs de pierre. Les proportions élégantes des gloriettes renforcent le
charme de la pergola en partie recouverte de chèvrefeuille. À son pied, ryth-
mant chaque arcade, des buis en bacs, taillés en spirale, créent sur fond de
laurier un joli mouvement.

Près de la maison, le buste d'une déesse répond par un sourire à la présence
de l'Apollon, sourire qui réfléchit le bonheur que ce jardin procure chaque
jour à ses propriétaires.

# *Le jardin* d'HUBERT DE GIVENCHY

« PARIS EST UNIQUE. IL FAUT LE SURVOLER À BASSE ALTITUDE, POUR SE RENDRE COMPTE DU NOMBRE DE JARDINS QUI Y SUBSISTENT.

La magnifique façade du XVIII<sup>e</sup> siècle et le jardin dans sa paix matinale. Une colonne du XVIII<sup>e</sup> siècle provenant de Villarceaux, et de grands pots de terre cuite plantés de buis ornent la terrasse.

*Double page suivante :* vue générale des parterres avec en second plan les grands arbres des jardins annexes.

Certains d'entre eux, quand vous y pénétrez, après avoir poussé la porte cochère, vous saisissent d'émerveillement », raconte Hubert de Givenchy qui occupe, dans le Faubourg Saint-Germain, l'hôtel d'Orrouer – qui fut la demeure, entre autres, du duc de Montmorency et du prince de Metternich. L'hôtel qui a conservé presque intact son aspect d'origine, a été édifié au XVIII<sup>e</sup> siècle sur d'anciens terrains maraîchers.

Une fois franchi le porche et entré dans la cour d'honneur, on peut admirer les magnifiques proportions de l'hôtel, la beauté classique de sa façade, à fronton triangulaire, splendide d'équilibre. On comprend qu'Hubert de Givenchy, collectionneur d'art, passionné de décoration intérieure et grand amateur de jardins, ait été séduit par ce lieu parfaitement harmonieux.

La cour, au sol recouvert de gravier, est ornée de bacs blancs, chacun portant comme un flambeau des lauriers taillés en boule. Vert et blanc : le maître de maison annonce ses couleurs, la cour d'honneur sert de prélude au jardin, d'autant que la façade côté jardin répond à la façade côté cour.

Les marches du perron qui conduit au jardin sont dessinées en larges courbes s'étendant progressivement. De chaque côté de la grande pelouse, une allée longe un parterre bordé de buis taillé où Hubert de Givenchy cultive ses roses préférées, *Rosa* 'Iceberg'. Aux extrémités de ce parterre, les buis qui étaient taillés en angle ont été remodelés en arrondi avec un dôme proéminent, mouvement repris par le banc placé tout près. « J'ai trouvé un modèle de banc du XVIII<sup>e</sup> siècle que j'ai fait copier, parce que je pensais que cette forme était en harmonie avec le dessin du buis, explique le maître de maison. Quand j'attends des amis, on y dispose des coussins verts. Il est facile d'habiller ce jardin avec peu de choses. Personnellement, je n'aime pas les endroits surchargés. »

*À gauche :* contrallées ouvertes
sur des chambres de verdure.

*À droite :* au premier plan,
le banc inspiré du XVIIIe siècle,
au dessin arrondi, épouse
la courbe des buis bordant
le parterre de roses 'Iceberg'.
En fond, une vasque médicis.

Il n'est pas nécessaire, ici, de modifier le jardin pour renouveler les floraisons : les roses fleurissent jusqu'aux gelées et les différentes variétés de camélias, choisies avec soin, commencent à s'épanouir à Noël et poursuivent leur floraison jusqu'en septembre. « Deux *Camellia japonica* 'Nobilissima', installés près de la maison, fleurissent les premiers, reprend Hubert de Givenchy. Entre les tilleuls, s'épanouit ensuite un *C. japonica* 'Mahotiana Alba' accompagné de *C.* 'Madame Charles Biard' et de *C. japonica* 'Montironi' ; c'est *C. sasanqua* 'Day Dream' qui termine la saison. » De plus, avec les camélias, on peut faire de ravissants petits bouquets pour décorer la maison. C'est un des grands plaisirs du maître des lieux.

Pour Hubert de Givenchy, profusion rime souvent avec confusion. La simplicité classique qui exprime à la fois l'équilibre et la grandeur lui semble une règle de vie. « Un jardin pour moi, c'est d'abord un endroit pour se reposer. Ce ne doit pas être une lourde charge. On doit pouvoir se dire, mon Dieu, comme j'aimerais m'y asseoir, m'y allonger, et on doit pouvoir le faire ! »

Le soin quotidien du jardin revient à un jardinier dont le silence et la simplicité de son équipement – juste un sécateur et une vieille tondeuse à main hélicoïdale – s'accordent à merveille avec la sérénité du lieu. Cependant, l'entretien d'un tel jardin ne va pas sans quelques problèmes. « Ainsi, se souvient Hubert de Givenchy, lorsque j'ai voulu faire installer des arbres déjà grands, il a fallu les faire passer par la maison. Ce fut un spectacle étonnant et charmant que de voir ces masses végétales traverser les salons ! Un jardin, c'est comme une maison, si vous aimez votre maison, elle vous le rend, si vous aimez votre jardin, il le sent et vous donne beaucoup de sensations différentes, beaucoup de plaisir. »

Pour Hubert de Givenchy, le jardin est un art de vivre : il fait sentir le temps qui passe comme une joie. « Je profite à chaque instant de mon jardin. J'aime ouvrir mes volets dès que je me réveille, aussi bien quand la neige tombe que lorsque les oiseaux se mettent à chanter au printemps. Je le sens vivre avec émotion. Chaque année, à chaque saison, je retrouve les mêmes joies avec le même bonheur. Je suis très heureux d'avoir un jardin, c'est un privilège extraordinaire. »

# *Le jardin d'un*
# HÔTEL
# PARTICULIER
## *du XVIII<sup>e</sup> siècle*

PARIS OFFRE À CHACUN D'ENTRE NOUS L'ORDONNANCE SUBLIME
DE SES PLACES ET DE SES AVENUES, LA BEAUTÉ CLASSIQUE
DE SES MONUMENTS. MAIS PARIS EST AUSSI UNE VILLE SECRÈTE
QUI DISSIMULE MILLE ET UN TRÉSORS.

Ici, par exemple, c'est la façade banale d'un immeuble qui masque un hôtel particulier du XVIIIᵉ siècle, situé entre cour et jardin, dont l'entrée est ornée d'un magnifique perron à colonnes. Côté cour, les belles proportions de la façade sont soulignées par des camélias rouges ou blancs, plantés dans de grands bacs classiques. Sur le mur opposé, quelques tilleuls parfaitement taillés suggèrent un univers où tout est dessiné, structuré.

Dans la demeure, après avoir traversé une première antichambre, on découvre le grand salon néoclassique dont les portes-fenêtres en demi-cintre ouvrent sur le jardin, tout comme celles de la bibliothèque et de la chambre de notre hôte, ce qui donne à ce lieu un charme infini. Le jardin, orienté vers le midi, avait été laissé à l'abandon et n'était qu'un terrain assez étroit qui descendait en pente vers le mur mitoyen. Lors de son installation, le maître des lieux, homme de goût et décorateur de profession, décida de tout remblayer pour obtenir une surface plane. Puis il fit ajouter un terre-plein le long du mur afin de le planter, créant ainsi, à l'aide de la végétation, une illusion de profondeur. À présent, une terrasse ornée de boules de buis octogénaires prolonge le salon vers l'extérieur et aboutit à une belle fontaine du XVIIIᵉ siècle, placée dans l'axe exact de la pièce. Cela permet au regard de s'évader vers une habile fausse perspective. Des deux côtés de la terrasse, des choisyas taillés en masses

Le perron à colonnes de l'entrée est orné de camélias rouges.

*Double page suivante :*
les fenêtres et la porte-fenêtre en demi-cintre du salon ouvrent sur le jardin et sur la fontaine placée en son centre.

arrondies, dans un mouvement de rampe d'escalier, se terminent joliment par une boule de buis, conduisant vers deux pelouses légèrement dénivelées. Au pied des marches, une lavande taillée, de ton gris-vert, contraste par sa taille régulière avec le jaillissement désordonné d'une hémérocalle. Près du mur qui clôt le jardin, les frondaisons des tilleuls constituent un décor réussi. Un ravissant petit bâtiment, dessiné par le maître des lieux, occupe l'angle du mur et sert de remise. En pierre de taille, agrémenté d'un œil-de-bœuf, il semble avoir été construit au XVIIIe siècle.

Notre hôte a conservé du jardin d'origine un if d'Irlande, *Taxus baccata hibernica*, et un seringat aujourd'hui majestueux et bien discipliné, qui se dresse près de la fontaine comme un érable, admirablement placé au couchant. Près du vieil if vert sombre, à la silhouette effilée, les fleurs blanches d'un lilas se détachent joliment. Un pommier palissé occupe une partie du mur également recouvert de

*À gauche :* la terrasse est bordée
de buis taillés en boule et
centrée sur la fontaine.
En fond, un if d'Irlande ajoute
de la profondeur.

*À droite :* de la fenêtre de
la chambre, on aperçoit sous
les frondaisons des tilleuls
la remise qu'un céanothe à fleurs
bleues dissimule en partie.

rosiers grimpants – *Rosa* 'Pierre de Ronsard', d'un blanc rosé, la blanche *R.* 'City
of York', la jaune *R.* 'Mermaid' – et d'une clématite au bleu-violet ravissant. Le
long du mur, des bambous à feuilles très fines, *Arundinaria tesselata,* produisent
un effet de masse. Le contraste entre végétation taillée et masses profuses est
remarquable. Les bambous sont bordés d'un petit hibiscus et d'un céanothe
bleu, *Ceanothus arboreus* 'Trewithen Blue', comme de quelques hostas bien placés ici, car leurs feuilles sont vert-bleu. Il y a aussi un amélanchier à petites fleurs
blanches dont les feuilles deviennent rouges en automne.

Sur le côté droit de la fontaine, pousse un *Elaeagnus angustifolia* 'Olivier de
Bohême', aux feuilles rondes d'un joli gris-vert.

Un superbe chêne vert, *Quercus ilex,* coiffe le tout. À son pied, des piéris
ont été installés dans de grands pots. Le feuillage raffiné de *P.* 'Forest Flame'
est très beau au début du printemps. Un *Osmanthus,* dont les feuilles rappellent celles du houx, accompagne un *Viburnum carlesii* à fleurs blanches.
À l'angle du mur, est planté un jasmin qui ouvre des fleurs jaunes l'hiver.
Taillé, il forme une petite haie sur laquelle se détachent les rosiers. Enfin,
presque au centre de la pelouse, notre amoureux des plantes a placé un
pommier pleureur, *Malus* 'Elise Ratke', dont la petite taille a quelque chose
d'une précieuse miniature.

La plupart des plantes proviennent d'anciennes propriétés familiales, ce
qui ajoute à l'ensemble le charme de la nostalgie. Le soir, des éclairages
dissimulés dans l'herbe illuminent la fontaine et donnent à ce jardin une
touche de féerie.

31

# *Un jardin de*
# LOUIS BENECH

DANS UN QUARTIER PROCHE DE LA MADELEINE, AU DÉTOUR D'UNE RUE, UNE ANCIENNE COUR PAVÉE AUX PROPORTIONS HARMONIEUSES DONNE ACCÈS À UN HÔTEL PARTICULIER DONT LA FAÇADE EST ORNÉE DE COLONNES PALLADIENNES.

Les carrés de buis semblent prolonger exactement les marches du perron. Louis Benech a su jouer du contraste entre le tracé géométrique et le libre foisonnement des plantes.

À peine franchie la porte d'entrée, le regard du visiteur traverse le vestibule, irrésistiblement attiré au-delà des portes-fenêtres du salon par un vaste parterre de buis en labyrinthe dont la présence est si forte qu'on a l'impression d'un lever de rideau sur la scène d'un théâtre. Impossible d'imaginer un tel jardin, remarquable par son classicisme, ailleurs que dans un lieu habité par un long passé. Autrefois, se dressaient, tout autour, plusieurs hôtels prestigieux : l'hôtel d'Arenberg, l'hôtel Suchet, l'hôtel Greffulhe. Chacun d'eux avait son jardin qui, à l'époque, communiquait avec le voisin.

Les maîtres des lieux s'étaient d'abord laissé tenter par un jardin à l'anglaise. Mais, étouffés par l'ombre des trois marronniers, les rhododendrons végétaient lamentablement et la pelouse avait du mal à s'établir. Après trois tentatives infructueuses, les propriétaires décidèrent de s'orienter vers une composition d'esprit classique et d'oublier leurs rêves de pelouse. Ils firent alors appel au paysagiste Louis Benech, qui choisit de construire le jardin à partir du mur récemment restauré et habillé d'un treillis. Il dessina en labyrinthe un parterre de buis bordé d'ifs, formant une perspective orientée vers le mur. Ainsi, le jardin prit une allure théâtrale et trouva son identité. « Le seul moment où le soleil pénètre dans le jardin, c'est lorsqu'il se reflète sur la façade de l'immeuble d'en face », raconte Louis Benech, comme si cette façade jouait le rôle d'un projecteur !

Comme l'espace du jardin est réduit, Louis Benech a joué, pour lui donner plus d'ampleur, sur l'alternance des vides entre les carrés de buis, qu'il a voulus de taille croissante. La perspective ainsi n'est pas inversée, mais gagne en profondeur. En ce sens, ce labyrinthe est plus baroque que classique, car, dans une perspective classique, les vides doivent être strictement équivalents. Un autre élément baroque singularise le dessin, c'est la dissymétrie au niveau des deux marronniers, dont l'un est légèrement décalé. La présence de deux bouleaux placés en diagonale accentue encore l'effet de profondeur de la perspective. On retrouve cette culture de la dissymétrie typiquement baroque dans le fait que l'allée de circulation de gauche est en triangle et celle de droite en trapèze. Enfin, par rapport à l'axe même de la maison, la perspective est légèrement décalée. Grâce à ces dissymétries, le jardin échappe au caractère homogène et rigide du classicisme pur et prend une tournure très vivante, plus proche de la Renaissance.

*À gauche :* le tracé des carrés de buis, qui s'achève au pied du mur habillé d'un superbe treillis, produit un remarquable effet de perspective.
À gauche, les deux troncs blancs des bouleaux semblent unis dans un jeu de miroir.

*Ci-dessous :* bordées par un massif de choisyas qui embaument, des têtes d'hydrangéas relèvent les secrets de la pénombre.

Orienté plein nord et très ombragé, le jardin a gagné, par ces aménagements, en profondeur, en mouvement et en luminosité. Les gravillons clairs font reculer l'ombre. Alors que l'herbe ne poussait pas, le jardin de buis et d'ifs est maintenant toujours vert. Les deux couloirs sur le côté permettent de circuler à l'écart. La rigueur du dessin central est tempérée par la profusion des massifs latéraux où s'épanouissent des plantes à l'air un peu sauvage : touffes *d'Iris sibirica* de tonalité blanche, *Aconitum carmichaelii* 'Arendsii' et *A. napellus*, *Hydrangea* 'Annabelle' et choisyas aux fleurs blanches si délicieusement parfumées. Un même effet de liberté est obtenu au centre des carrés de buis par la présence de fleurs des champs : *Digitalis purpurea*, anémones du Japon 'Honorine Jobert', *Boltonia latisquama*... En hiver, un superbe camélia blanc commence les floraisons ; au printemps, les marronniers fleurissent en blanc eux aussi, tout comme l'oranger du Mexique et l'aubépine qui se couvre de fruits rouges dont raffolent les oiseaux !

« La seule chose que je regrette du jardin à l'anglaise, confie la propriétaire qui adore la nature, c'est que, chaque année, sur le gazon, je récoltais avec les enfants quantité de rosés-des-prés, de quoi faire de merveilleuses omelettes ! » Mais si les champignons ne poussent pas sur le gravier, celui-ci est astucieusement planté de bulbes – narcisses, jonquilles – qui sont une fête au printemps.

Du fond du jardin, c'est un plaisir de voir le dessin des marches du perron intégrées aux carrés de buis, la vision d'ensemble étendant à l'architecture la pureté du tracé du jardin.

# *Un jardin à la mode*
# DU XVIII<sup>E</sup> SIÈCLE

COMMENT POURRAIT-ON IMAGINER QUE, DANS CETTE RUE DU
6<sup>E</sup> ARRONDISSEMENT, SI CONNUE ET SI FRÉQUENTÉE, SE CACHE DERRIÈRE
DES FAÇADES ANONYMES UN JARDIN DE PRÈS D'UN DEMI-HECTARE,
VÉRITABLE HAVRE DE PAIX ET DE BONHEUR, À L'ABRI DU FLOT DES PASSANTS
ET DE LA CIRCULATION.

La maison du XVIII<sup>e</sup> siècle a été habitée par Saint-Simon qui, de son cabinet d'écriture prolongeant sur le côté l'habitation, pouvait embrasser du regard l'étendue du jardin. On ne sait comment ce jardin était aménagé à l'époque, mais, comme le montre un dessin exposé dans l'entrée, au début du XX<sup>e</sup> siècle, le jardin avait un tracé à l'anglaise.

Lorsque les actuels propriétaires prirent possession des lieux, le jardin avait été délaissé si longtemps qu'il était devenu un inextricable fouillis. Mais de très beaux arbres – tilleuls, marronniers, érables – sauvaient la mise. Les propriétaires jouèrent d'abord aux campagnards en créant un potager, avant de donner au jardin son tracé à la française. Ils firent alors installer, en prolongement de la maison et en surplomb du jardin, une grande terrasse protégée de stores, ce qui permet de déjeuner à l'extérieur sans avoir à battre en retraite à la première averse. Pour structurer l'ensemble du terrain, ils choisirent des ifs et des buis – les essences fondamentales du jardin classique – et ils créèrent une charmille en toile de fond. Bien que les arbres déjà en place soient superbes, ils n'hésitèrent pas à en planter plusieurs autres, de sorte que vingt-cinq ans plus tard, l'ensemble a pris une si belle ampleur qu'on a l'impression de se promener dans un parc. L'illusion est accrue grâce à la

La grande terrasse qui prolonge
les salons domine le jardin.
Le petit bâtiment, à gauche,
abritait l'ancien cabinet
d'écriture de Saint-Simon.

Les grandes ouvertures
de l'entresol, baignées
de soleil, sont encadrées
de rosiers grimpants.
Une rose ancienne.

Un banc de pierre propice
à la méditation dans
le silencieux sous-bois.
Le jardin est surplombé
d'un majestueux marronnier
qui coiffe une partie
de la charmille.

taille sévère des arbres, au grand mur habillé de lierre et, sur la droite, à l'alignement des tilleuls qui masquent toute construction.

Au fond, de grands marronniers aux épaisses frondaisons étouffent les rumeurs de la ville. De là, on aperçoit, à travers une arche ombreuse dessinée dans la charmille, la maison toute blanche et baignée de soleil, qui semble très lointaine. Sous les ombrages des marronniers en fleur, où les merles s'abritent de la chaleur l'après-midi, se cache une ancienne remise du XVIIIe siècle. Un chemin qui conduit vers la maison permet de découvrir au passage un banc adossé à un buisson de roses anciennes blanches et rouges, qui éclairent le sous-bois.

*Ci-contre :* rosier grimpant
habillant d'un air d'abandon
une tête à l'antique.
Détail de feuilles découpées
d'un mahonia tirant sur l'or
et l'écarlate.

*À droite :* un sentier se perd
dans les rhododendrons.

Au pied du banc, des hostas, aux grandes feuilles d'un vert frais, se détachent
sur un tapis de mousse. Le délicieux parfum des buis fraîchement taillés,
mêlé à celui du sous-bois, les taches de lumière qui dansent sur l'herbe,
filtrées par les feuillages, donnent le sentiment d'être à mille lieues de Paris.
Partant du banc, un chemin de vieux pavés mène jusqu'au pied de la grande
terrasse où un escalier de petites marches moussues se glisse entre les rhododendrons recouverts de fleurs. Sur la terrasse, qui est orientée plein sud,
de superbes rosiers grimpants s'épanouissent le long des murs.
Le grand charme de ce jardin tient à la succession ininterrompue des floraisons. L'hiver, à côté d'un magnolia aux feuilles vernissées, fleurissent de merveilleux camélias blancs, en même temps qu'un superbe jasmin d'Espagne
dont les tons jaunes ensoleillent les journées frileuses. Les choisyas et un
jasmin nudiflore au parfum délicieux marquent l'arrivée du printemps, pré-
cédés sur les pelouses par les jonquilles et par l'explosion des violettes et des
cyclamens qui illuminent soudain le sous-bois. Ensuite, vient le temps des
rhododendrons et des roses. Certaines roses anciennes remontantes ornent
le jardin jusqu'à la fin de l'automne. C'est alors qu'il faut songer à tailler le
lierre et les buis... afin de préparer la saison nouvelle.
Ce jardin met en évidence une notion essentielle dans l'art du paysage du
XVIIIe siècle : tout y a l'air parfaitement naturel, alors que rien n'est laissé au
hasard. Son charme est l'expression de cette nature maîtrisée.

*Ci-dessous :* au pied du perron orné d'une jolie ferronnerie, une nappe d'helxine évoque la présence de l'eau.

*À droite :* la façade du XVIIIe siècle est ornée d'un perron et d'une petite terrasse qu'encadrent, à gauche, un althéa et des lilas, et à droite, des rosiers menés sur tiges. Détail de roses thé. Le pavillon de musique est bordé de plantes odoriférantes (jasmin, choisyas...) pour lier parfums et musique.

# *Un jardin* ROMANTIQUE

SOUS LA PROTECTION DE LA PRINCESSE DE CROÜY, UNE COMMUNAUTÉ DE RELIGIEUSES FIT ÉLEVER EN 1630, DANS LE FAUBOURG SAINT-GERMAIN, UN COUVENT RÉSERVÉ AUX JEUNES FILLES DE LA NOBLESSE.

Le succès de cet établissement fut tel qu'avec les revenus perçus, les Sœurs firent construire plusieurs hôtels particuliers. Par la majestueuse porte cochère de l'un d'entre eux, on découvre une cour pavée et la façade élégante d'une demeure du XVIIIe siècle. Le grand salon du rez-de-chaussée s'ouvre sur un ravissant jardin romantique situé dans l'axe exact de la pièce. Une haute porte-fenêtre donne accès au perron agrémenté d'une rampe en pierre, décorée de vasques dans lesquelles poussent des bruyères d'un rouge cramoisi. Au bas des quelques marches, une nappe d'helxine évoque la présence de l'eau tandis que plusieurs buissons de roses blanches anciennes ornent les côtés. Le jardin lui-même est constitué d'une pelouse bordée de grands arbres, dont un noyer d'Amérique. Un troène, devenu gigantesque, dégage un parfum de miel lorsqu'il est en fleur. L'ombre des grands arbres donne au jardin un air romantique qu'accentue la présence, tout au fond, d'un pavillon de musique construit par l'architecte néoclassique Alexandre Brongniart, et orné de ravissants médaillons.

Le pourtour du jardin est planté de massifs arbustifs où dominent des choisyas aux petites fleurs blanches parfumées, accompagnés d'un mahonia, d'un houx, d'un buis à grosses feuilles. Sur ce fond vert sombre, se détachent les rosiers, un althéa, un lilas aux fleurs bleu-violet. Un splendide jasmin pousse près du pavillon de musique. Quelques bouquets de bruyère aux teintes chaudes, dispersés au pied des massifs, éclairent le jardin à la manière d'un rayon de soleil après la pluie.

Le charme de ce jardin tient à son romantisme, à une certaine nostalgie qui s'évanouit dès que le soleil illumine la façade.

# *Un jardin*
# MINIATURE

LA RÉUSSITE DE CE PETIT JARDIN TIENT ASSURÉMENT À SA CHARMANTE
SIMPLICITÉ. LA PROPRIÉTAIRE, UNE AMÉRICAINE AMOUREUSE
DE LA FRANCE, VIT À PARIS DEPUIS SON MARIAGE. C'EST ELLE QUI A CRÉÉ
CE HAVRE DE VERDURE DE TOUTES PIÈCES.

« Lorsque nous nous sommes installés au rez-de-chaussée de cet hôtel particulier du XVIIIᵉ siècle, à la place du jardin, il n'y avait qu'une vilaine terrasse en ciment, à l'ombre d'un platane, et quelques buis. Mais, tout autour de nous, il y avait de vrais jardins, explique-t-elle, et j'aimais trop les jardins, leur présence, leur compagnie, l'agrément qu'ils représentent à Paris, pour ne pas succomber au désir d'en planter un à la place de cette terrasse. Je fis donc casser et disparaître le ciment, puis apporter de la terre. Ce fut un chantier épouvantable, car il n'y avait d'autre accès... que l'intérieur de l'appartement ! Ensuite, il a fallu planter, en essayant de créer dans cet espace restreint l'illusion de la profondeur. Aussi, j'ai d'abord habillé le mur d'en face d'un treillis sur lequel j'ai fait pousser du lierre. Sur ce fond sombre et profus, j'ai installé de grandes masses de buis taillées en boule. »

Plantés sur une pelouse parfaite, ces buis rythment l'espace et l'animent, donnant l'idée d'une « collection », idée renforcée par la présence de deux boules de pierre blanche provenant de l'ancien porche d'entrée de l'hôtel particulier. L'une est posée au pied des buis taillés, l'autre semble avoir roulé au hasard pour s'arrêter en bordure des lavandes. « Entre ces buis, j'ai placé quelques arbustes (forsythias, rhododendrons...) qui introduisent un effet de contraste. J'ai joué sur les lignes droites et les courbes, en soulignant la maison d'une bordure de lavandes taillées et ponctuées de lauriers menés sur tiges et taillés en boule. » Voilà pour le tracé.

La porte-fenêtre donnant sur le jardin est surmontée d'un balcon du XVIIIᵉ siècle. La terrasse est entourée d'une collection de plantes en pots.

Des hydrangéas et une azalée du Japon poussent au pied des boules de buis qui se détachent de manière remarquable sur les larges feuilles des aucubas.

Ensuite, la propriétaire a joué la carte de l'unité des couleurs. Trop de couleurs nuit à l'unité d'ensemble et réduit l'espace. Elle a donc recherché un camaïeu de verts, avec une pointe de blanc et de rose, la simplicité dans un espace assez difficile à faire vivre, puisque « de petite taille ». Ainsi, on va du vert sombre de l'if, près de la maison, à celui foncé et glacé du camélia, du vert bronze des lauriers à celui plus nuancé des buis, du vert tendre du troène, à celui panaché des aucubas, jusqu'au gris-vert des lavandes. La note blanche est amenée, en réponse aux pierres de la façade, par le camélia puis par les primevères, les impatientes et une azalée. La pointe rose vient d'un *Abelia* qui fleurit de septembre à novembre, de pélargoniums odorants et de roses anciennes. La touche de jaune introduite par le rhododendron et le chèvre-feuille qui escalade la haie, apporte un air de gaieté à ce jardin ombragé.

« J'accumule les fleurs en pots et les boules, ainsi, l'espace paraît peuplé de plantes et, dans cette animation, mon jardin semble plus grand, plus profond. Les jolies façades qui nous entourent donnent l'impression de protéger le jardin. Elles servent d'écrin à ce havre de verdure qui nous est un vrai bonheur, parce qu'il nous fait ressentir le temps qui passe, les saisons. En hiver, sous la neige, c'est aussi un grand plaisir pour l'œil, car le dessin de l'ensemble prend alors une netteté formidable. »

*À gauche :* une petite porte, dissimulée dans l'ombre du cerisier, donne sur le jardin.

*Ci-dessous :* un catalpa étend ses jeunes branches au-dessus du buste d'une Diane du XVIIe siècle.

# *Le jardin d'un*
# ANTIQUAIRE

L'ÎLE SAINT-LOUIS, DANS LE CŒUR HISTORIQUE DE PARIS, A TOUJOURS EXERCÉ UNE CERTAINE FASCINATION. L'ÎLE COMPTE DE TRÈS BEAUX HÔTELS PARTICULIERS, MAIS LES JARDINS Y SONT RARES. CERTAINS SONT CÉLÈBRES COMME CEUX DE L'HÔTEL LAMBERT DESSINÉS PAR LE VAU.

Ici, il s'agit d'un lieu moins solennel, d'un jardin récemment créé dans la cour d'un hôtel construit en 1637 pour Jean Le Charron, qui était alors contrôleur extraordinaire des guerres. Un grand porche s'ouvre sur une ravissante cour pavée, puis, après avoir traversé le premier corps de bâtiment, on atteint la seconde cour transformée en jardin. Le peintre Philippe de Champaigne aurait eu son atelier dans cet immeuble où un autre peintre, Ernest Meissonier, s'établit en 1840. Aujourd'hui, Jacques Bacot, expert en antiquités, a transformé le rez-de-chaussée, dont il a restauré le magnifique plafond à la française. Il y a installé son bureau, auquel on accède par un jardin.

En 1978, il y avait encore ici une usine à cartonnage. « Heureusement, l'usine a fait faillite ! Je l'ai fait démolir, explique-t-il, puis j'ai amené de la terre dans la perspective d'installer un jardin. Mon premier projet concernait un jardin à la française. Mais je craignais, vu le cadre, qu'il ne prenne une apparence de jardin musée. » Pour éviter ce piège, il fallait faire preuve d'originalité et de goût du jeu. Comme beaucoup d'amateurs impatients, Jacques Bacot voulait voir son jardin prendre forme rapidement et il commit l'erreur de planter des haies de troènes – dont on vante la prompte croissance – et des rosiers choisis pour leur coloris sans tenir compte de leurs exigences. L'erreur servit de leçon à Jacques Bacot, qui choisit un nouveau tracé plus classique avec des ifs et une touche d'originalité dans la conception : l'accès au bureau se fait par une allée d'ifs taillés à hauteur du visage, en sorte qu'on a l'impression

d'emprunter un labyrinthe. Sur le côté droit de cette allée, un grand carré de pelouse s'orne, au centre, d'une vasque. Des rhododendrons en pots longent l'allée que domine une grande terrasse à balustre.

De l'autre côté, l'entrée du jardin est marquée par un cerisier aux branches échevelées. C'est une divine surprise pour le visiteur, la saison venue, lorsqu'il voit, à portée de main, des cerises d'un rouge appétissant. Une autre surprise, au même parfum rustique, l'attend tout près, c'est celle que procure la présence d'un pommier palissé le long du mur, où grimpe une très jolie glycine. « Ce n'est pas un jardin que l'on regarde à distance, car on est pris physiquement dedans. Il a une dimension sensitive forte, puisque lorsqu'on le traverse, on ne peut s'empêcher, en passant, de caresser de la main les pousses d'ifs très douces, comme de respirer le parfum du gazon fraîchement tondu. » Le long du chemin pavé, quelques roses rouges donnent au jardin un ton de gaieté et un buste de Diane du XVIIe siècle se détache par sa blancheur de marbre sur le vert foncé des ifs.

Juste devant l'entrée du bureau, un camélia taillé au carré, assez bas, ressemble à une « table » rouge, au pied de laquelle un lit de pétales se dépose. Jacques Bacot a aussi planté, près de la porte, un catalpa, dont le feuillage forme une jolie ombrelle et, un peu plus loin, un laurier aux belles tonalités vert sombre. Aujourd'hui, comme beaucoup de jardiniers, il tempête contre la mousse qui ternit par endroits le gazon, contre les pucerons qui raffolent de ses rosiers et, bien sûr, contre les merles trop gourmands… Bref, Jacques Bacot adore son jardin, beau prélude à la visite de son intérieur.

Allées d'ifs et buissons de roses conduisent à la façade du XVIIe siècle en pierres dorées.

*Double page suivante :* vue du jardin avec, au premier plan, les branches fleuries du cerisier.

*Ci-dessous :* la tente prolongeant la maison est inspirée des fabriques de la décoratrice Elsie de Woolfe.

*À droite :* un charmant espace de repos.

*Double page suivante :* un passage ménagé dans le buis mène à la première partie du jardin. Sa rigueur est rompue par l'helxine qui pousse entre les dalles et les graminées en panache.

# *Le jardin « imprudent »*
## *de* PIERRE BERGÉ

« J'AIME LES JARDINS PARCE QUE J'AIME L'ÉPHÉMÈRE, UN JARDIN
N'EST PAS UN CIMETIÈRE. JE DÉTESTE LES JARDINS CONVENUS,
LES JARDINS À LA MODE, J'AIME LES JARDINS IMPRUDENTS »,
EXPLIQUE PIERRE BERGÉ, DIRECTEUR DE LA MAISON DE COUTURE
YVES SAINT LAURENT, MÉCÈNE, GRAND AMATEUR D'ART ET DE JARDIN.

Sa maison, de style XVIIIe siècle, se trouve Rive Gauche, à quelques mètres des quais. « J'ai réalisé une maison fidèle à l'atmosphère du temps. Le jardin, lui, est plutôt français que dessiné à la française, c'est-à-dire bien architecturé, mais avec un certain flou poétique. »

Pour créer son jardin, Pierre Bergé n'hésita pas à faire table rase, nivelant le sol avant de recomposer, sur ce lieu sans âme, volumes et profondeur. « On ne crée pas sans détruire. Il faut prendre des risques, c'est d'ailleurs là que réside le plaisir. L'imprudence est vivante. Si on se trompe souvent avec la nature, lorsqu'on réussit, c'est une forte joie », raconte-t-il. Couper un bel arbre s'imposait, car l'endroit était trop ombragé. À notre époque, les gens n'admettent pas l'idée qu'un bel arbre puisse être malade et se dégrader, et qu'il faille donc le tronçonner, ne fût-ce que pour replanter. « Il a fallu, à Versailles, une tempête désastreuse sur de trop vieux sujets, pour qu'on se mette à replanter », rappelle Pierre Bergé. C'est une idée contre-nature que de vouloir tout conserver et faire durer éternellement. « C'est pour cela que les gens commencent par choisir des plantes à feuillage persistant à Paris plutôt que du caduc. Du *grandiflora*, en veux-tu en voilà ! Ce qui, il faut bien le dire, ne convient absolument pas au contexte. Sans doute, sont-ils angoissés à la simple idée de voir l'arbre mourir. À Paris, nous sommes dans un paysage d'arbres à feuillage caduc qui doivent suivre les saisons, faire des feuilles rouges à l'automne et disparaître. »

Pour ces travaux d'aménagement, Pierre Bergé a choisi Pascal Cribier et Louis Benech, tous deux passionnés d'architecture et de botanique. « Les contraintes que je leur ai fixées ? reprend Pierre Bergé. D'abord, pas de gazon ! Le gazon est bon en Normandie. À Paris, rien ne vaut le gravier. Pas de pelouses, pas de ces problèmes-là. » Mille fois plutôt quelques graminées, de la mousse qui pousse entre les dalles et donne ainsi un air naturel à la composition. « Ensuite, je voulais aménager des dénivelés en terrasse pour créer une impression de profondeur. » Et Pierre Bergé choisira de rabaisser le seuil de la maison pour installer une tente en prolongement du rez-de-chaussée, faisant ainsi transition vers le jardin. « Je me suis inspiré de ce qu'avait fait la décoratrice Elsie de Woolfe avec ses fabriques, chez elle, à Versailles. » Dans le jardin, les dénivelés

*Ci-contre :* détail d'un ravissant bac à écailles submergé de capucines.

*Ci-dessus :* le jardin tout en fleurs ; amusante sculpture de cerisier palissé et toujours des roses anciennes.

soulignent l'idée d'espaces différents. « Il y a des marches, des tables de buis qui délimitent le jardin creux où les plantes sauvages se ressèment. Tout cela crée une circulation et me donne l'illusion de partir et de me promener. »

Parmi ceux qui font réaliser leur jardin par un paysagiste, beaucoup ne mettent jamais « la main à la pâte », de peur que plantes et fleurs ne périclitent ! Ici, une fois le jardin installé, le grand plaisir, pour Pierre Bergé, est de s'en occuper. « Il est attentif à tout, il voit immédiatement ce qui ne va pas, l'utilisation des topiaires est une idée à lui », confie Louis Benech. Il se passe toujours quelque chose de nouveau dans ce jardin. Récemment, Pierre Bergé a fait installer dans le fond une serre pour les orchidées dont il adore prendre soin. « J'achète des plantes tout le temps. Comme mon jardin n'est pas très grand, il faut toujours faire des choix, enlever des plantes, en rajouter d'autres. J'aime les accumulations et tout ce qui est un peu insolite. Les gens manquent souvent d'imagination et ne font pas vraiment d'effort. On retrouve presque partout plus ou moins les mêmes choses. Choisir des plantes peu banales est plus stimulant que de copier le jardin voisin. Je déteste les jardins blancs, tous les mêmes ! Pour moi, ils reflètent l'incapacité de faire un jardin de couleurs. Les jardins blancs, c'est la prudence. On est sûr de ne pas se tromper et moi, j'aime les gens qui ne craignent pas de faire des choix : ou ils sont bons, et c'est tant mieux, ou on s'est trompé, alors, on enlève tout et on recommence. »

*Ci-contre :*
le côté si poétique et
vivant d'une cage à oiseau
et de la remise à outil
au fond du jardin.

*Un jardin à*
# SAINT-GERMAIN-DES-PRÉS

DERRIÈRE LE MUSÉE EUGÈNE DELACROIX, CE JARDIN EST À L'EMPLACEMENT
MÊME DE L'ANCIEN POTAGER DE L'ABBAYE DE SAINT-GERMAIN-DES-PRÉS.

À l'ombre de quatre tilleuls, non loin du clocher protecteur de Saint-Germain-des-Prés, une table et des chaises permettent de dîner dehors au printemps et en été.

Au XIIᵉ siècle, Philippe Auguste entoura Paris d'enceintes, plaçant ainsi hors les murs l'abbaye de Saint-Germain-des-Prés, située au sud-ouest de ce qui était le cœur de la ville. L'atmosphère y était alors bucolique : il faut imaginer, à la place du boulevard et des célèbres cafés, une cité monastique fortifiée dont les prés s'étendaient le long de la Seine. Cela fait longtemps que la ville a effacé la campagne. Cependant, non loin de l'église, subsiste un dernier vestige du passé : un grand jardin rectangulaire clos de murs, situé à l'emplacement du verger de l'ancienne abbaye. Au pied de la maison du XVIIᵉ siècle, s'étend un îlot de verdure d'autant plus exceptionnel au cœur de la ville qu'il est le reliquat – au sens de relique – des anciens prés de Saint-Germain.

Dans ce très grand jardin, orienté plein sud, quatre tilleuls taillés forment une sorte de refuge naturel. Des bordures de buis longent la façade de la maison qu'elles soulignent. Ici, tout est net, naturel, hors du temps. Il y a quelques impatientes, et des rhododendrons blancs. On découvre des roses délicates, une haie de lauriers et de choisyas parfumés, des fougères aussi, qui, placées le long des murs, entretiennent la fraîcheur en été.

Ce lieu si ancien a quelque chose de religieux et de paisible dans sa simplicité. Son grand dépouillement est le luxe même car il laisse tout imaginer : au XVIᵉ siècle, il devait y avoir des murs palissés de poiriers, des pommiers, des pêchers, des pruniers, et, au XVIIᵉ siècle, une belle allée de charmes en berceau circulant le long des quatre murs. On peut aussi rêver à la présence des quatre fabriques qui, au XVIIIᵉ siècle, marquaient l'angle des murs, avec des jeux de buis et d'ifs. Ce tracé a dû laisser place, au XIXᵉ siècle, à un jardin à l'anglaise. Mais le plus beau, n'est-ce pas cet espace dépouillé, où le temps qui passe est toujours ponctué par les cloches de l'église Saint-Germain-des-Prés ?

# *Un jardin*
## *des* ANNÉES
## 1940

IL FAIT BON SONGER QUE, DANS LE 16ᴱ ARRONDISSEMENT, UNE MOSAÏQUE
DE JARDINS RAPPELLE LA PRÉSENCE DES IMMENSES PARCS SACRIFIÉS
LORS DE LA RÉNOVATION DE PARIS ENTREPRISE PAR LE BARON HAUSSMANN.

Devant un parterre de pensées, plusieurs massifs ont été astucieusement composés en étages pour créer des profondeurs et rendre la vue de l'immeuble plus lointaine.

Les jardins d'aujourd'hui sont souvent les vestiges de belles propriétés et semblent chercher protection derrière la barrière des immeubles. Celui qui nous occupe se trouve à l'arrière d'un immeuble des années 1940 dont la silhouette imposante ne se laisse pas oublier. Ainsi, quand on est dans le jardin, on devine la ville présente sur le pas de la porte. À l'architecture forte du bâtiment répond un jardin – créé dès la construction de l'immeuble – structuré par une opposition de droites et de courbes. Bien orienté, il est au soleil toute la journée.

Vu des salons qui s'ouvrent sur une grande terrasse rythmée par une rangée de colonnes blanches crénelées, le jardin se présente comme une grande pelouse bordée, le long des murs qui marquent son périmètre, par de larges massifs. Le mur du fond est habillé d'un treillis où s'élancent lierre et chèvrefeuille. De grands érables, tout en hauteur, le ponctuent. La première partie du jardin est placée sous le signe de la courbe et s'organise autour de cette pelouse bordée de massifs à l'anglaise. En revanche, dans l'autre partie, la ligne droite s'impose avec une composition en damier, des arbres effilés, notamment un if ancien taillé comme un cyprès. Le tout est dominé par une terrasse à balustres qui prolonge le premier étage et dont le mur est habillé d'un treillis dessiné en carrés. Cette opposition des droites et des courbes apporte au jardin une rigueur architecturée, adoucie par les compositions florales variables au gré des saisons.

*Ci-contre :* une allée serpente
entre les massifs, à l'ombre
des érables.

*Ci-dessus :* en contrebas
de la terrasse, s'étend
un parterre en damier planté
de pensées mauves.
Il est bordé sur la gauche
par un *Taxus baccata* taillé
comme un cyprès, et sur
la droite par des massifs
de camélias.

*À droite :* le parterre de pensées
contraste avec les massifs
de choisyas et de camélias en
arrière-plan.

La propriétaire aime à jouer des couleurs, chaque année, pour transformer le paysage. Cette année, la dominante est le mauve, avec des parterres de pensées relevés de quelques pointes de rouge amenées par des roses, des hortensias, des rhododendrons. En hiver, le jardin s'habille de blanc et de vert : murs blancs et arbres persistants comme le laurier du Caucase qui occupe joliment tout un angle de mur sans faire d'ombre à l'intérieur de l'appartement. Au pied du mur, en front de la façade, des ormes et de nombreux aucubas panachés créent un massif profond d'où se détachent rhododendrons, camélias et hydrangéas. Un petit chemin passe derrière le massif et on y découvre des hostas, des gunnéras et des *Skimmia*, aux baies rouges, aux feuilles persistantes, très gaies sous les ombrages.

L'alliance de ce massif avec le foisonnement sinueux des pensées mauves et des impatientes blanches engendre un mouvement qui donne de la profondeur et dynamise le jardin en rompant la ligne droite du fond du mur. Sur le côté gauche, le damier entouré de dalles est planté des mêmes pensées mauves et de rosiers. L'if taillé marque la verticale.

Un jeune magnolia semble monter à l'assaut de la terrasse plantée de chèvrefeuille et de lavandes en pots, c'est la note voluptueuse de ce jardin parisien.

*À gauche :* la terrasse ensoleillée s'ouvre sur un massif de rhododendrons blancs 'Daviesii'. Au printemps, un rosier grimpant 'Albertine' recouvre le mur d'une avalanche de roses carnées.

À l'arrière-plan, un *Thuya pyramidalis* côtoie des massifs de viburnums et de rhododendrons.

*Double page suivante :* vue sur le jardin d'ombre, avec au premier plan un lilas centenaire à fleurs mauves.

# Un jardin des
# QUATRE SAISONS

JUSQUE DANS LES ANNÉES 1930, LE QUARTIER DE L'AVENUE DU BOIS – AUJOURD'HUI AVENUE FOCH – ÉTAIT L'UN DES PLUS ÉLÉGANTS DE LA CAPITALE.

Des hôtels somptueux se dressaient de l'Étoile à la Porte Dauphine, les bals du Palais Rose – cette « copie » du Trianon dont les murs étaient revêtus de marbre rose, avait été construite en 1896 par Sanson pour Boni de Castellane – attiraient le Tout-Paris. La bonne société se retrouvait tous les matins, entre l'avenue Malakoff et la Porte Dauphine, pour la rituelle promenade à pied ou à cheval.

À présent, l'avenue du Bois n'est plus qu'un théâtre d'ombres, mais le quartier reste l'un des plus agréables de Paris. C'est ici que le président et M^{me} Giscard d'Estaing ont leur résidence parisienne, dans un charmant hôtel particulier agrémenté d'un jardin au dessin d'une apparente simplicité mais dont on découvre progressivement tout le raffinement, car il joue à la fois sur la richesse et la diversité des feuillages, et les harmonies de couleurs. « Lorsque nous nous sommes installés ici, explique M^{me} Giscard d'Estaing, nous avons découvert un terrain vague avec un semblant de gazon qui vivotait entre des bordures de ciment. J'ai aussitôt fait appel au paysagiste anglais Edouard d'Avdeew, qui avait déjà travaillé avec moi en Auvergne, pour qu'il imagine ici un jardin des quatre saisons. »

C'est un jardin tout en contrastes et en nuances. Une grande terrasse exposée au sud prolonge le salon et constitue comme un jardin de soleil, en opposition avec le jardin d'ombre, situé sur un deuxième niveau, en contrebas. Un petit escalier relie les deux jardins, les deux massifs de *Skimmia* qui le bordent sont recouverts toute l'année de boules rouges très gaies. « De hauts murs habillés

de treillis – ils sont ainsi moins rébarbatifs –, de grands érables et des marronniers créent une impression de profondeur, poursuit M^me Giscard d'Estaing.
Grâce à ces verticales, cette partie du jardin semble bien plus grande qu'elle
ne l'est en réalité. Cette impression est d'ailleurs renforcée par le dénivelé
avec le jardin en terrasse du haut car les changements de niveaux, en jouant
avec le regard, donnent toujours l'illusion d'un plus grand espace. »

La terrasse enserre complètement la façade. D'un côté, un chemin dallé
bordé de thuyas, de massifs de viburnums et de rhododendrons, rejoint une
partie de la maison située en retrait. De l'autre côté, la terrasse – plus étroite
ici – surplombe le jardin d'ombre. Plusieurs pots en terre cuite plantés de
géraniums odorants et de buis taillés en boule la décorent tandis que le mur
de la maison se couvre de roses au printemps.

Passionnée par les fleurs et les plantes, M^me Giscard d'Estaing a marqué son
jardin d'une empreinte raffinée. Ainsi les *Thuya* 'Pyramidalis' sont taillés de
façon effilée, à la manière des cyprès. Au pied du premier, une boule de buis
en pot contraste joliment tant par la forme que par la tonalité du vert. Utilisés
comme couvre sol, les *Pachysandras* se couvrent au printemps de petites fleurs

*Ci-contre, à gauche :* à l'angle des murs recouverts de vigne vierge, sur un tapis d'helxine, est disposée une vasque en marbre rose du XVIIᵉ siècle.

*Ci-contre, à droite :* au-dessus des pieris panachés et des hellébores s'élancent les gracieuses tiges des digitales roses.

blanches. Leur feuillage, petit et finement découpé, s'harmonise à celui, léger et délicat, des géraniums. L'opposition recherchée des verts – vert-gris et vert plus foncé – est très douce et agréable à l'œil.

La partie la plus importante de la terrasse est bordée par deux grands murs placés en équerre. L'un est habillé d'un hydrangéa grimpant, *Hydrangea petiolaris*, qui porte des petites fleurs blanches délicates et dont les feuilles, en fin de saison, prennent les ors de l'automne. L'autre mur est couvert de vigne vierge, *Ampelopsis*, dont les feuilles deviennent rouges en fin de saison. Un massif de rhododendrons blancs, *R.* 'Daviesii', taillés en arrondi, souligne la porte-fenêtre du salon, tandis qu'un rosier grimpant 'Albertine' fait disparaître, au printemps, le mur de façade sous une avalanche de roses blanches. D'autres rhododendrons et des petits pots de bergénia soulignent le dessin de l'escalier qui mène au jardin d'ombre. L'aspect bien structuré, le côté « chambre de verdure » de ce jardin, vient peut-être de ce qu'il abritait auparavant une charmille taillée au carré, qui a succombé par manque de lumière. Un *Nandina domestica* borde l'escalier de la masse de ses fleurs blanches. Ses baies dont les oiseaux raffolent ressemblent à celles du gui. Tout près, un grand *Viburnum rhytidophyllum*, variété assez rare, aux feuilles lancéolées vert bronze, très élégantes, surplombe un laurier du Portugal et un *Ilex* panaché. « Sous ces ombrages, pieris, fougères et acanthes se plaisent à ravir. Leurs feuillages variés sont un véritable plaisir. Toujours en sous-étage, j'ai planté une aubépine et un *Cercidiphyllum japonicum* qui a un parfum de caramel à l'automne », ajoute Mᵐᵉ Giscard d'Estaing.

De gros massifs de lauriers du Portugal, taillés en boule, encadrent des *Buxus* panachés et abritent les plantes – *Ilex*, *Mahonia*, laurier panaché, hostas – qui occupent ce « sous-bois », éclairé par un *Hydrangea* 'Annabelle'. Le long du mur de droite recouvert d'un treillis, s'épanouissent des plantes qui aiment l'ombre : un *Daphne* 'Aureomarginata', une acanthe gigantesque, des hellébores, des *Hydrangea sargentiana* et *quercifolia*, un *Cornus*, un *Viburnum wrightii*, variété très rare, au feuillage vert clair et aux ravissantes baies jaunes. « J'aime sentir vivre mon jardin, suivre les saisons grâce aux fleurs, explique Mᵐᵉ Giscard d'Estaing. Dans mon jardin, quand les hostas disparaissent, les hellébores fleurissent… »

*À droite :* la grille d'entrée laisse découvrir la façade, qu'ornent des *Ceanothus arboreus* 'Trewithen Blue'. Au milieu d'un petit bassin, au pied d'un tilleul centenaire, se dresse une colonne coiffée d'une boule. Elle est entourée de touffes sauvages de graminées.

*Double page suivante :* la maison est à demi cachée par la végétation, ce qui lui donne un charme romantique. Le mur est rythmé de pots de buis taillés en boule.

# Un jardin
# SECRET *imaginé*
## *par Pascal Cribier*

EN POUSSANT LA PORTE COCHÈRE DE CE BEL IMMEUBLE DU 7ᴱ ARRONDISSEMENT, ON PÉNÈTRE DANS LA PÉNOMBRE D'UNE VASTE ENTRÉE VOÛTÉE, À QUELQUES MÈTRES D'UNE GRILLE QUI S'OUVRE SUR UN JARDIN BAIGNÉ DE LUMIÈRE.

Ce contraste entre l'obscurité et la lumière donne toute sa beauté aux couleurs et à la profusion des plantes que l'on découvre. On se sent envahi par une douce mélancolie et prêt à disserter sur la fragilité de l'instant. La leçon des ténèbres n'est-elle pas une propédeutique de la joie de vivre et l'art des jardins ne se confond-il pas avec le plaisir de sentir le temps passer à travers les saisons ? Mais la maison située au fond de cette cour intérieure a des éclairages si chaleureux et le jardin des proportions si heureuses que l'esprit se rassure : la nostalgie n'est là que pour rendre le jardin plus attachant et faire sentir que son existence éphémère est intimement liée à celle de la personne qui en a la charge. Sans doute, ceux d'entre nous qui s'occupent, parfois toute une vie, de leur jardin, le font-ils parce qu'à travers la vie des plantes, ils participent au cycle des saisons, à l'alternance du silence et de l'exubérance de la nature. L'entretien d'un jardin témoigne de cette complète osmose avec le temps, c'est en quelque sorte un manifeste d'art de vivre. Le paysagiste Pascal Cribier l'a bien compris, lui qui a transformé à la demande de la propriétaire, jeune femme artiste et raffinée, cette cour intérieure ingrate en un jardin qui, sous une allure nonchalante, est une petite merveille d'équilibre. Ici, la frénésie de la ville n'a pas franchi le seuil et, à travers les plantes,

le temps s'écoule à son aise. Les céanothes palissés le long du mur encadrent chacune des ouvertures de la maison. Ils rythment la façade et le passage qu'ils égayent de leurs fleurs d'un bleu lilas délicat. C'est d'ailleurs la couleur qui marque le plus longtemps l'œil dans la pénombre. Ce rythme est soutenu par le contraste entre les verticales des arbres et les courbes des buis placés à leur pied. Un splendide camélia marque l'entrée de la maison ; il se couvre d'une myriade de fleurs blanches en hiver. Le contraste entre l'ombre et la lumière, qui singularise le jardin, se retrouve aussi dans cette floraison éclatante en pleine saison hivernale.

Les pavés du passage laissent passer l'herbe, ce qui donne à l'endroit un naturel plein de charme, rappelant que le temps ne détruit pas, mais s'intègre aux choses et les embellit. Près de la grille, entourée d'un petit bassin, une colonne blanche coiffée d'une boule se dresse à l'ombre d'un arbre centenaire. Des touffes de graminées animent le bassin où l'eau réfléchit les ramures. Avec leurs tiges vert clair et leurs têtes dorées, elles sont comme un feu d'artifice que reprennent les choisyas, taillés en boule et disposés au pied du mur, lorsque leurs délicieuses petites fleurs blanches parfumées éclosent.

Des tapis d'helxine poussent entre les pavés.

# Un jardin
# DE VIVACES

LA RUE BARBET-DE-JOUY, DANS LE 7ᴱ ARRONDISSEMENT, EST BORDÉE
D'ANCIENS HÔTELS PARTICULIERS QUI, POUR LA PLUPART, POSSÉDAIENT
DES JARDINS : L'HÔTEL LA ROCHEFOUCAULD-DOUDEAUVILLE,
L'HÔTEL COSTA DE BEAUREGARD, L'HÔTEL DE SAYVE, L'HÔTEL DE
LA TOUR DU PIN-VERCLAUSE, OCCUPÉ PAR L'AMBASSADE DE TUNISIE,
L'HÔTEL KOTZOBUE…

À l'emplacement de l'un d'eux, a été construite, dans les années quarante, une maison qui a conservé le jardin de l'ancien hôtel. Lorsque les occupants actuels se sont installés ici, forts de l'expérience acquise dans leurs propriétés de Normandie et du Midi, ils voulurent conserver l'agrément d'un jardin à Paris. Comme celui qu'ils venaient d'acheter était très démodé, ils décidèrent de faire appel au paysagiste Christian Fournet pour le redessiner. Devant la maison, il y avait une grande terrasse en dalles blondes, un escalier assez large, installé sur un talus planté de vilains rosiers, qui permettait d'accéder au niveau supérieur simplement recouvert de gravillon et bordé par deux platanes. Les propriétaires voulaient garder la structure existante : la terrasse et l'escalier central qui axe le jardin. Ils souhaitaient un jardin où ils puissent circuler aisément et dont ils pourraient entretenir eux-mêmes les plantations. « Comme j'aime tailler, dit la propriétaire, je voulais des buis, des lauriers, des choisyas…, mais aussi des plantes à floraison printanière et quelques-unes à feuillage persistant, de manière à avoir un jardin qui ne soit pas trop nu et triste en hiver. » Aussi, sur les côtés du talus que centre l'escalier, Christian Fournet dessina-t-il des parterres de buis, plantés de nouveaux rosiers. Il reprit le même dessin, à plus grande échelle, pour le niveau supérieur et installa au milieu un foisonnement de plantes. Dans l'axe de l'escalier adossé au mur habillé d'un treillage, les propriétaires ont fait installer une belle fontaine du XVIIIᵉ siècle.

*À gauche et ci-dessous :*
floraison spectaculaire
d'*Hydrangea macrophylla*
à fleurs blanches et
d'*Hydrangea macrophylla*
'Möwe' à « tête plate » et
à fleurs rouges et roses.

Dans ce parterre
voisinent des penstémons
dont les tiges désordonnées
se couvrent de fleurs roses
au printemps et des *Euphorbia
characias* au feuillage gris-vert
et aux fleurs vert-jaune.
S'y mêlent des pivoines roses.

Une fois redessiné de manière simple et classique, le jardin devait être fleuri dans une certaine unité de tons : le blanc y est prédominant, avec quelques touches de jaune et une pointe de rouge. En pourtour du jardin, Christian Fournet a planté des camélias, notamment un *Camellia japonica* blanc et un *C. sasanqua* rose ; des *Cornus*, entre autres un *C. controversa*, au port tabulaire et à la floraison blanche en plateau ; des *Acer japonicum* 'Aureum' et *A. palmatum* 'Senkaki', au joli bois rouge ; ainsi qu'un *Cercidiphyllum*, arbuste bien charpenté et qui a l'avantage d'avoir une très belle coloration en automne. Il y ajouta des hydrangéas et des piéris sans oublier quelques ifs.

Sur le talus, à l'intérieur des parterres de buis qui encadrent l'escalier, le paysagiste a placé des rosiers 'Opalia' blancs, résistant à l'oïdium fréquent dans les lieux assez ombragés. Ainsi, explique-t-il, les traitements compliqués ne sont pas nécessaires. De plus, grâce à ces rosiers très florifères, la maîtresse de maison peut faire de ravissants petits bouquets pour l'intérieur. Des lauriers menés sur tiges et taillés en boule accentuent le côté classique.

Sur la terrasse supérieure, au sein des deux parterres de buis, un véritable foisonnement végétal contraste joliment avec quelques masses taillées en arrondi, notamment celle d'un choisya et d'un *Viburnum* : y poussent, dans un joyeux mélange, penstémons, euphorbes, acanthes blanches et mauves, pivoines roses, hydrangéas blancs et rouges…

Au fond du jardin, se détachant du mur, un très ancien *Taxus baccata* introduit, avec ses teintes très sombres, l'illusion d'une belle profondeur. Un *Ilex aquifolia* 'Albomarginata' apporte une touche claire sous l'ombre des marronniers, tout comme les fleurs en panicules blanches d'un *Sorbaria sorbiflora* aux feuilles très graphiques. Un *Mahonia x media* 'Charity', avec sa floraison jaune d'hiver coiffe des roses anciennes au ton carmin et un massif de *Skimmia*.

« Une fois le jardin redessiné, nous dit Christian Fournet, je l'ai confié à sa propriétaire qui l'entretient à merveille. C'est elle qui le fait évoluer et le rend aussi vivant. Pour moi, qui viens lui rendre visite de temps en temps, c'est un vrai plaisir de le voir s'améliorer au fil des ans. »

La fontaine du XVIII<sup>e</sup> siècle est adossée au mur de la seconde terrasse habillée d'un treillis.

# Le jardin solaire et mystérieux
## d'YVES SAINT LAURENT

YVES SAINT LAURENT A TOUJOURS EU DES JARDINS, QUE CE SOIT EN NORMANDIE,
AU MAROC OU, À PARIS, DANS LE 6E ARRONDISSEMENT, COMME SI, POUR LUI,
COUTURE ET ART DES JARDINS ÉTAIENT INSÉPARABLES.

Chaises et table créent
une atmosphère accueillante
sur la terrasse rectangulaire
en marbre blanc dessinée
par l'architecte
Jean-François Bodin.

On dit un « tailleur » en parlant d'un couturier, parce que la taille est le mouvement essentiel par lequel se construit un vêtement. Un vêtement est toujours fait de plusieurs morceaux, c'est une composition, comme un jardin. Les ciseaux sont aussi essentiels au couturier qu'au jardinier qui, lui aussi, coupe, ajuste, déplace et assemble, essayant ce faisant de dégager une unité. On dessine la ligne d'un vêtement comme on trace un jardin pour lui donner un style. Pas de vêtement sans « coupe » et pas de jardin sans arbre sectionné, transplanté, élagué, greffé, bouturé.

Couper, bouturer, greffer, sont autant d'opérations qui évoquent l'idée de « torture », mais sans lesquelles l'arbre ne donnerait pas d'aussi bons fruits, les plantes ne connaîtraient pas de nouvelles formes ni de coloris inédits. Sans taille, une plante manque souvent de vigueur et de tenue, et il en est de même pour un vêtement, car, lorsqu'on le construit, il faut couper, ajuster, adapter. Tout ce travail méticuleux, qui demande à la fois un œil de myope et une vision d'ensemble, est une démarche créative difficile, « torturante ». Sans elle, le vêtement ne ressemblerait à rien, demeurerait un chiffon, tout comme un jardin sans tracé, ni taille, ne serait pas un jardin.

De même que l'élégance d'un vêtement tient à ce qu'il épouse et se coule sur le corps, l'élégance d'un jardin tient au mariage réussi des plantes, comme au jeu subtil des camaïeux de couleurs, à l'intégration des lignes opposées – les verticales et les courbes qui créent les rythmes –, au renouvellement des floraisons le long des saisons, qui intègre harmonieusement le temps.

La seconde terrasse en hémicycle, dominée par le Minotaure, est dotée de bancs en travertin qui reposent sur de volumineux globes. En toile de fond, la masse imposante des grands arbres.

*Ci-contre :* sur la terrasse, une chaise oiseau de François-Xavier Lalanne.

Le jardin parisien d'Yves Saint Laurent, à la fois rigoureux par ses lignes architecturales fortes, et profus par l'abondance de sa masse végétale – il compte plusieurs grands arbres majestueux –, illustre à merveille cette démarche de création. Sur toute la longueur de la maison, dont la façade séduit par son élégante sobriété, s'étend une terrasse rectangulaire en marbre blanc, large de quatre mètres, dessinée par l'architecte Jean-François Bodin. Elle se prolonge par un hémicycle en forme d'amphithéâtre dont la courbe contraste avec les lignes droites de la façade.

Cet effet de courbe est accentué par des bancs en travertin reposant sur d'imposants globes. Le regard se porte sur un superbe Minotaure du XVIIe siècle, qui est l'image symbolique de la dimension humaine greffée à celle de l'animal et, peut-être aussi, la métaphore du mariage des opposés, de la courbe et de la droite, de la nature et de la culture, de l'homme et du végétal.

À la demande d'Yves Saint Laurent, le paysagiste Franz Beachler a planté autour de la terrasse, entre les treillages, les espèces qui se prêtent le mieux à la taille : des ifs, *Taxus baccata* 'Fastigiata', des houx, des lauriers qui, mis au carré, contrastent avec la grande masse végétale libre des acacias, des sycomores et des châtaigniers, aussi volumineuse et inspiratrice que des nuages. C'est un jardin de sensations fortes. Celle, d'abord, que procure, sur la première terrasse, la présence surréaliste de deux chaises, en forme d'oiseau, dessinées par François-Xavier Lalanne, posées près de fauteuils de jardin en métal. Celle, ensuite, plus douce, de la lumière tamisée par les feuillages, qui dessine sur le sol en marbre comme des mouvements d'eau. Toutes les sensations, enfin, que procurent les bruissements et les senteurs des sous-bois lors des promenades dans les chemins qui serpentent sous les arbres. Voilà qui donne au lieu sa dimension romantique.

Nous sommes ici dans un jardin haute couture, qui ne risque pas de se démoder.

Sous une pluie de pétales roses, l'escalier de pierre de l'entrée conduit à une terrasse en demi-cercle coiffée d'une coupole et soutenue par d'imposantes colonnes.

*Double page suivante :*
un Bacchus trône sous les ombrages d'un marronnier blanc, entouré de deux grandes fougères arborescentes *Dicksonia*. Derrière lui, le treillis forme comme une voûte et donne l'illusion d'un nymphée.

# UNE MAGNIFICENCE
## *de jardin*

RIVE DROITE, QUELQUES MAGNIFIQUES DEMEURES ONT LE PRIVILÈGE
DE BORDER DE GRANDS PARCS ET DE POSSÉDER EN OUTRE DES JARDINS.
CELUI-CI EST L'UN DES PLUS BEAUX DE PARIS.

L'entrée de la maison est très spectaculaire, avec un escalier de pierre qui conduit à une terrasse en demi-cercle, coiffée d'une coupole soutenue par d'imposantes colonnes. L'ensemble séduit d'emblée par la très belle harmonie de ces proportions. Au printemps, lorsque les cerisiers plantés à proximité sont en fleur, c'est un véritable bonheur de voir ces milliers de pétales roses jonchant le sol de pierre blanche, où ils forment comme un tapis. Des buis en pots, taillés en boule et placés sur les marches animent l'escalier. Ils ont l'air de se tenir là comme pour vous accueillir.

En traversant de beaux salons, on découvre le grand jardin sur lequel ils s'ouvrent. Toutes les pièces de la maison ont d'ailleurs le merveilleux avantage d'avoir vue sur le jardin. Son tracé rectangulaire est d'une simplicité étonnante et possède en même temps un air véritablement majestueux. Il est constitué d'une vaste pelouse bordée par une terrasse aux larges dalles de pierre qui prolonge la maison. Cette terrasse est longée sur un côté par un massif de roses 'Iceberg', encadré d'une bordure de buis. Ce massif est percé, à ses extrémités, de deux passages ponctués de skimmias aux jolies baies rouges et coiffés de buis taillés en boule, placés dans de grands pots en terre cuite du XVIIIe siècle.

Cette disposition régulière donne son rythme au jardin.

On accède à un second niveau en léger contrebas par quelques marches. Dans l'axe du passage, se tient un magnifique Apollon en marbre de Carrare, du sculpteur Rossi.

*Ci-dessous :* des camélias palissés offrent une floraison spectaculaire.

*À droite :* à l'angle du mur tapissé de fleurs de camélia, une table en pierre du XVIIᵉ siècle.

En toile de fond, un treillis vert découpe le mur en plusieurs panneaux symétriques, créant ainsi un véritable effet de profondeur. Une niche en trompe-l'œil abrite un buste d'empereur romain, tandis qu'un fronton surmonte l'ensemble, renforçant l'allure classique du lieu. Le mur est couvert de magnifiques camélias palissés, ce qui est une manière originale de mener ces arbustes.

Ce qui est exceptionnel avec les camélias, c'est que leur floraison dure de Noël, en pleine saison morte, à mai, ce qu'aucune autre espèce ne permet. Des milliers de fleurs rouges et roses criblent alors ce mur tel un feu d'artifice. Cet effet est d'autant plus spectaculaire que ces milliers de fleurs éclosent à l'intérieur du treillis qui cadre le mouvement. Rien n'est plus séduisant qu'une végétation débordante ainsi contrôlée et disciplinée.

Dans le prolongement du mur couvert de camélias en fleur, on aboutit à une petite terrasse blanche circulaire, qui se détache comme une île sur la nappe verte du gazon. Une table en pierre aux pieds renflés, de style Louis XIV, entourée d'un banc en hémicycle, permet de prendre un thé, de se reposer et de contempler l'ensemble du jardin. Un *Magnolia grandiflora* qui fleurit en été et parfois jusqu'en octobre, placé en fond, se mêle admirablement aux camélias, avec ses feuilles vernissées d'un vert profond.

Le second mur faisant face à la maison, lui aussi recouvert de camélias, est habillé à ses pieds de bambous à petites feuilles très fines et de fougères. Deux grands marronniers à fleurs blanches ombragent un Bacchus à demi caché par des fougères arborescentes, *Dicksonia*. Derrière lui, en forme d'arcade, le treillis dessine une voûte, il donne l'illusion d'une grotte sacrée ou d'un nymphée au sein duquel ce dieu se reposerait.

Ce jardin resplendissant dans sa floraison est l'image même du luxe et de la fécondité, l'équilibre de ses proportions et l'harmonie des couleurs révèlent le goût raffiné qui a présidé à sa réalisation.

# *Jardins*
# PITTORESQUES

# *Une houle*
# *de* VERDURE

CE JARDIN, SITUÉ À L'ARRIÈRE D'UN HÔTEL PARTICULIER
DU 6ᴱ ARRONDISSEMENT, ÉTAIT PRATIQUEMENT À L'ABANDON LORSQUE
SA PROPRIÉTAIRE ACTUELLE S'EST INSTALLÉE ICI : IL NE RESTAIT
QU'UN MAGNOLIA ISOLÉ SUR UNE MAIGRE PELOUSE.

« Je ne cherchais pas vraiment un jardin, mais plutôt une terrasse pour me reposer au soleil et jouir d'une certaine tranquillité, nous confie-t-elle. Mais, depuis que j'ai ce jardin, il m'arrive parfois de lui consacrer une journée entière ! Cette passion que je redécouvre me vient sans doute de mon père qui adorait les jardins. Nous avions une propriété en Corse et je jardinais parfois avec lui. J'ai aussi habité la Cornouailles, où ma belle-famille possédait de splendides jardins.

Jouxtant mon jardin, il y a ici un parc de près de deux hectares, avec des canards, une chouette, des corneilles – dont je déteste les criaillements et les disputes –, des merles et même des chardonnerets. Les seuls bruits que j'entends sont ceux de la nature et quand je sors dans la rue, je me sens, à chaque fois, agressée par le vacarme. Je tiens beaucoup à ce jardin maintenant. J'y rencontre même des papillons… J'ai eu beaucoup de plaisir à l'aménager moi-même, avec l'aide de quelques conseils de Louis Benech, qui m'a guidée dans le choix des plantes.

Dans le jardin, j'ai fait d'abord rajouter de la terre et créer des dénivellations de terrain, afin d'avoir autre chose que les éternelles pelouses plates. Les mouvements de terrain amènent un effet de profondeur et sollicitent l'imagination. J'ai fait planter ensuite non pas du gazon mais de l'helxine, qui me fait penser à du petit cresson. Les feuilles d'helxine sont rondes, minuscules et très douces au regard, elles créent une étendue verte un peu floue, qui incite à la rêverie. Pour accentuer ce mouvement et créer un chemin de promenade, j'ai fait poser des dalles comme sur un tapis, on a l'impression

*À gauche et ci-dessus :*
sur un tapis d'helxine reposent
deux statues en bronze,
une imposante tête d'homme
qui donne un caractère baroque
à cette partie du jardin, et
une carpe qui semble nager.

93

*Ci-dessous :* sur la terrasse, des chaises en fer forgé dessinées par Madeleine Castaing.

*À droite :* partant de la terrasse bordée de rosiers blancs 'Iceberg', un chemin de dalles permet de faire le tour du jardin. À l'arrière-plan, un magnolia centenaire.

qu'elles vont on ne sait où, dans un mouvement d'errance. Au milieu, se tient à présent une grande carpe en bronze qui a l'air de sauter au milieu de vagues. Ce bronze, réalisé par un sculpteur des années 1940, vient de l'hôtel Rockefeller à Hawaï.

Quant à la tête qui gît dans l'herbe, on ne sait pas si c'est celle d'un homme qui se noie ou celle de quelqu'un qui nage dans une mer verte. C'est bien le seul endroit où je l'apprécie. Il paraît qu'au château de Versailles, un projet – jamais réalisé – avait été soumis à Louis XIV, il s'agissait d'orner une pelouse d'une multitude de têtes… Carpe et tête, ainsi associées, produisent un effet un peu surréaliste, surtout quand mon petit épagneul Dalila se promène dans le jardin, il est à la même échelle que la carpe et la tête !

J'ai eu soin de ne planter que des espèces qui se plaisent à Paris : azalées, camélias, roses anciennes. L'exposition est au sud, mais les arbres du jardin d'à côté tamisent par une ombre légère les rayons du soleil, ce qui convient parfaitement aux impatientes et aux pensées…

Près d'un bassin du XVIᵉ siècle où les oiseaux viennent volontiers s'abreuver, il y a un mobilier de jardin en fer, dessiné par Madeleine Castaing, et c'est le lieu idéal pour prendre le thé. »

Devant la maison s'ouvre
une grotte entourée
de massifs et de plantes
de rocaille.

# *Un jardin du* XIX<sup>E</sup> SIÈCLE

## *montagne, grotte…*

CETTE TRÈS ANCIENNE RUE DU 9<sup>E</sup> ARRONDISSEMENT, QUI ÉTAIT
À L'ORIGINE UN CHEMIN CONDUISANT DE LUTÈCE À LA BUTTE
MONTMARTRE, RECÈLE UNE BIEN JOLIE SURPRISE. EN EFFET, DERRIÈRE
LES HAUTES FAÇADES DES IMMEUBLES EXISTENT ENCORE DE GRANDS
JARDINS ÉVOQUANT UNE DOUCEUR DE VIVRE QUE L'ON CROYAIT
À JAMAIS DISPARUE.

C'est cette douceur de vivre, qu'il faut savoir préserver, qui fait tout le charme du jardin de cette jeune femme, experte en botanique. « En arrivant ici, explique-t-elle, j'ai trouvé un terrain abandonné où les arbres, livrés à eux-mêmes, avaient tout envahi, ne laissant pas un mètre carré échapper à leur ombre. Mais le dessin était original, avec une sorte de colline dans le fond et, près de la maison, une grotte. C'était en quelque sorte une image mythique du jardin tel qu'on se le représentait au XIX<sup>e</sup> siècle. » La nouvelle propriétaire a d'abord cherché à retrouver le dessin initial en supprimant quelques arbres pour laisser pénétrer la lumière. Le jardin et celui qui lui est mitoyen sont plantés des mêmes essences. Les éclaircies pratiquées ne lui ont donc pas retiré son allure de parc ombragé, typique du siècle dernier. « J'ai mis la butte en relief en la dégageant, dit-elle, mais j'ai laissé le lierre qui l'habillait et j'ai installé à son sommet une table et des bancs, dissimulés par des arbustes. De là, on a une vue plongeante sur l'ensemble du jardin et de la maison. »

*Ci-dessous :* devant la maison se dresse un *Ilex*, taillé en forme de nuage. À son pied s'étend un foisonnement de bulbes. Près d'un arbre, une chaise de jardin invite au repos sous les ombrages. Devant elle, un large pot en terre cuite est planté d'un buis taillé en boule.

*À droite :* fleurs de seringat posées sur le banc telles des ailes de papillon. Au pied de la butte, à la croisée des chemins, s'étendent deux plates-bandes bordées de buis.

Un chemin en colimaçon mène au sommet de la butte. Sur le mur du fond, pousse un hydrangéa lierre mexicain, *Hydrangea scemanii*, aux fleurs blanches piquetées de rose, qui supporte les sols calcaires et l'ombre. Au pied de la butte, pour organiser l'espace, la propriétaire a dessiné quatre carrés : deux plantés d'une végétation touffue et les deux autres, près de la maison, bordés de buis et emplis d'helxine qui dessine comme des vaguelettes. Elle a ensuite dégagé la grotte, auparavant perdue sous le lierre et sur laquelle poussent maintenant, par endroits, des mousses et des plantes de rocaille. De l'intérieur de cette grotte obscure, le jardin, avec sa végétation débordante et ses couleurs merveilleuses, apparaît comme un miracle. Tout près de la grotte, au pied des marches ponctuées d'une collection de pots, il y a une table et des chaises longues. C'est là l'espace de transition entre architecture et jardin, entre le dedans et le dehors.

Après avoir redonné au jardin sa structure, la propriétaire a fait en sorte qu'il y ait toujours des fleurs. En janvier, on y découvre des hellébores (*Helleborus orientalis, niger, foetidus, corsicus*…), des *Daphne*, des *Sarcococca* – non pas *S. humilis*, trop commun, mais *S. hookeriana*, aux feuilles fines. Au printemps, les bulbes poussent à ravir dans leur terre sablonneuse : il y a ici des jonquilles, des iris, des scilles, des tulipes… Pour les couleurs d'automne, hormis le ravissant tapis mauve et blanc des cyclamens, elle a planté à certains endroits « stratégiques » des *Cotinus obovatus* orange à nervure verte qui introduisent une jolie note colorée.

« J'aime les daphnés, confie-t-elle, surtout *Daphne odora* 'Aureo Marginata', car en plein cœur de l'hiver, rien n'est plus extraordinaire que de se promener dans le jardin glacé pour aller voir ces petites fleurs roses, rouges et blanches qui sentent merveilleusement bon. En été, je fais pousser des *Phlomis* blancs et rosés. Les couleurs de cette plante qui a l'air un peu sauvage se marient très bien avec le vert sombre du jardin.

Et puis j'ai mes petits arbres préférés, par exemple certains érables. Il y en a un ici, *Acer oblongum*, qui provient d'un semis que j'ai ramassé en visitant les Serres de la Madone, dans le Sud. C'est un des rares érables à feuillage persistant. J'aime aussi *Osmantus armatus,* qui pousse entrelacé avec *Clematis armandii*, aux fleurs blanches, et les arbousiers, notamment *Arbutus* x *andrachnoides*, parce qu'il a une écorce qui ressemble à de la cannelle. Il y a aussi un buddléia que j'apprécie, parce que cet arbre dont les fleurs ressemblent à des papillons, fleurit en septembre et octobre, au moment où je rentre à Paris. »

Chaises longues en bois agréablement posées devant la maison, à l'ombre de grands arbustes en pots.

Beaucoup de céanothes sont cultivés ici, ces arbustes qui résistent bien au climat de Paris fleurissent deux fois par an et forment de gros massifs ainsi qu'une haie d'un bleu ravissant. Il y a aussi des *Cornus* amusants avec leurs feuilles tordues – notamment *C. sanguinea*, pour son bois coloré, et *C. alba* 'Aurea', à feuillage jaune, qui a l'avantage d'éclairer les endroits sombres. On découvre au cours de la promenade des houx et des troènes, dont une espèce chinoise, *Ligustrum lucidum*, possède des feuilles allongées comme celles des bambous, un *Mahonia confusa* qui pousse très bien à Paris, un *Viburnum odoratissimum*, aux jolies feuilles, et un *Magnolia grandiflora* 'Little Gem'. La propriétaire s'est également amusée à constituer une petite collection de chênes persistants californiens, aux feuilles longues et fines. Parmi les plantes peu communes, il y a aussi un *Aucuba* 'Longifolia', aux feuilles de saule, qui se couvre en hiver de boules rouges.

« Un jardin, dit-elle, est un ensemble qui ne tient que si l'on s'en occupe dans le moindre détail. C'est quelque chose de vivant : d'un côté, on doit tailler, retirer des déchets, de l'autre, on laisse pousser. Un jardin est un monde à lui seul : il y a les graines que les oiseaux apportent, les fleurs que l'on coupe pour les bouquets, les herbes qui servent à la cuisine. J'aime y faire un tour pour surveiller mes plantations, pour tailler les buis et les haies. Il y a des endroits structurés qui ne doivent pas bouger, d'autres que l'on se réserve pour planter des nouveautés. Telle plante ne donnera rien à tel endroit, mais poussera à ravir un mètre plus loin. Il y a un équilibre à trouver entre le choix des espèces, le nombre des plantes et les endroits propices. Tout cela est merveilleusement vivant et procure un vrai bonheur. »

*Un jardin foisonnant créé par*

# CAMILLE MULLER

DANS LE 13ᴱ ARRONDISSEMENT, IL EXISTE ENCORE QUELQUES PRIVILÉGIÉS
QUI VIVENT DANS DES MAISONS ENTOURÉES DE JARDINS.

Placé sous les ombrages,
dans un coin du jardin,
un banc en bois permet
une halte paisible.

*Double page suivante :*
une vue sur la maison à demi
dissimulée par les arbres.

Dans une rue un peu triste qui longe la prison de la Santé, s'ouvre une allée discrète bordée des deux côtés de pavillons. Une atmosphère délicieusement provinciale règne ici. Certains d'entre eux ont un petit air de maisons de notables avec de grands jardins plantés de nombreux arbres ; d'autres, aux proportions plus modestes, n'en ont pas moins un grand charme. Ce sont ici d'anciennes franges de campagne, devenues en un siècle des îlots de verdure oubliés par l'urbanisation.

La maison qui nous occupe, située au bout de la ruelle en cul-de-sac, se cache derrière un muret recouvert de lierre et de chèvrefeuille parmi lesquels quelques roses cherchent à s'échapper. On pénètre dans le jardin par une petite porte qui semble dérobée, et aussitôt, à l'abri d'un rideau de feuillage, on se sent à mille lieues de Paris. Pourtant, ce jardin resta très longtemps à l'état de friche et seuls quelques arbres y tenaient lieu de nature. Mais, un jour, la propriétaire, à la recherche de plantes d'ombre, se rendit aux journées de Courson, où elle rencontra le paysagiste Camille Muller. Comme il s'intéresse vivement à la mise en valeur des lieux difficiles parce que trop ombragés, Camille Muller accepta de prendre en charge l'aménagement de ce jardin. Les travaux devaient durer un an.

Camille Muller choisit de tirer parti de divers éléments contraignants. Ainsi le muret qui divisait le jardin fut redessiné tout en courbes créant des niveaux différents. L'ombre qui rendait la pelouse peu attrayante lui suggéra l'idée d'installer de vieux pavements et des graviers pour éclairer le lieu… Le jardin fut structuré par l'emploi de plantes supportant la mi-ombre. Les propriétaires ne souhaitaient pas avoir un jardin tiré au cordeau, mais plutôt un lieu à l'apparence naturelle, agréable à vivre, vert en hiver, frais en été, avec

Derrière un rideau de rosiers, on aperçoit les fenêtres allumées de la maison.

Un vieux pavement conduit vers l'entrée de la maison recouverte de rosiers grimpants et de *Clematis montana*.

de la mousse sur les pavés… Muller installa, dans cet esprit, des bambous côté rue pour renforcer l'isolement, l'impression de foisonnement et de profondeur. Des massifs entre lesquels sillonnent des chemins pavés menant à des plages de gravier donnent à l'ensemble un aspect ordonné et lumineux. Le foisonnement ainsi encadré acquiert un grand charme. Il n'y a pas un endroit d'où le regard ne soit sollicité par un point de fuite, une trouée, un chemin à suivre…

Les massifs sont souvent ponctués par la présence de buis taillés en pots, qui réfrènent l'allure sauvage de la végétation. Le jardin, sous une allure de « jungle », est composé de plusieurs espaces différents mais toujours homogènes. Ainsi, à demi caché sous les frondaisons, un banc attend le promeneur pour une délicieuse halte. Près de la maison, un vieux hamac en corde, suspendu entre deux arbres, fait la joie des enfants qui s'y chamaillent comme des oiseaux dans leur nid. Sous un abricotier taillé en ombrelle, une table et quelques chaises sont installées. Dès les premières belles journées du printemps, on vient y déjeuner et certains s'y attardent longtemps après le repas. En fin d'après-midi, un rayon de soleil éclaire une jolie fontaine, à moitié dissimulée par une touffe de bambous et de fougères.

Le vieux pavement qui conduit à l'entrée intègre à ravir les massifs autour de la maison et donne à celle-ci un petit air du temps passé. Des rosiers grimpants coiffent l'entrée tandis qu'un petit acacia s'est installé de lui-même en plein milieu du passage. Il y a ici des arbres fruitiers qui font l'enchantement de tous : un cerisier régulièrement pillé par les merles, un noyer très prolifique qui remplit des paniers entiers à l'automne, et surtout un abricotier qui, tous les deux ans, à la mi-juillet, produit quelque 30 kg d'excellents fruits.

Hormis les roses, il y a peu de fleurs. Mais les acanthes se portent à ravir tout comme l'*Hydrangea arborenscens* 'Annabelle' et l'*Hydrangea quercifolia* arborescent dont le feuillage persistant rougit en automne. Pour structurer ce jardin foisonnant, Camille Muller a utilisé des plantes persistantes : *Nandina domestica*, *Mahonia*, houx, lauriers du Portugal… et, dans ce jardin ainsi transformé, la maison est devenue un enchantement.

## Un jardin sur la montagne
# SAINTE-GENEVIÈVE

LE QUARTIER DE LA MONTAGNE SAINTE-GENEVIÈVE EST L'UN DES PLUS ANCIENS DE PARIS, UN DE CEUX QUI A GARDÉ UNE RÉELLE AUTHENTICITÉ, ET LA PLACE DE LA CONTRESCARPE A, ENCORE AUJOURD'HUI, CONSERVÉ UNE ALLURE VILLAGEOISE.

Détails de ce jardin si vivant et pittoresque.

C'est à quelques pas de là, au début de la rue Mouffetard, qu'un couple d'antiquaires, Pierre et Dominique Benar-Despalle, s'est installé. Ils ne voulaient pas d'un magasin classique qui donne directement sur la rue mais préféraient l'idée que les gens aient un peu de mal à les trouver, ce qui stimule toujours le plaisir de la découverte.

Après avoir franchi une porte, puis une grille et remonté une étroite ruelle dont les murs, au printemps, sont recouverts de roses, on pénètre dans un premier petit jardin où se trouve une bâtisse qui tient à la fois de la maison et du grenier : c'est là que Pierre et Dominique accueillent chaque jeudi, hors de l'agitation citadine, leurs clients comme des amis de toujours, au milieu de meubles et d'objets qui, dans ce décor, ont gardé tout le charme du temps passé. Un second petit jardin, situé à l'arrière du bâtiment, permet d'accéder à l'atelier de restauration et à l'habitation.

« Lorsque nous avons décidé de nous installer, raconte Dominique, il y avait ici des ateliers où l'on fabriquait du cuivre pour les graveurs. Créer les jardins a été un travail de titans. Il a fallu démolir des bâtiments, casser le sol en béton et apporter la terre à la brouette par cette petite ruelle ! Élevée à la campagne, je ne peux pas me passer de la nature. Je peux vivre dans une petite maison, mais j'ai besoin d'un jardin. La nature me rappelle mon enfance heureuse. La terre, ce sont les saisons, l'hiver passe, le printemps revient… Lutter contre, c'est tricher. C'est ça la vérité de la nature. Cette fraîcheur, cette pureté, est source d'équilibre. Pour moi, toute la beauté du monde est dans mon jardin. C'est un jardin très humble que je cultive toute seule. Mon jardin est vivant,

je veux dire par là qu'il n'est pas entretenu en permanence. Je peux rester un an sans m'en occuper, il y a des moments où il est en friche, puis d'autres moments où il est majestueux.

C'est aussi un endroit que je traverse. Je ne m'y installe jamais dans une chaise longue. Je préfère m'asseoir sur une pierre, écrire, faire un croquis, rêver… Pour moi, ce jardin n'est pas une distraction, mais une manière de vivre, une philosophie de la vie. Mon jardin est tout petit, mais j'ai toujours quelque chose à faire. Je déplace et replace sans cesse mes plantations. Il y a des poiriers, des pommiers, une vigne qui donne d'énormes grappes de chasselas noir. On rencontre beaucoup d'animaux dans mon jardin : des oiseaux qui viennent s'ébrouer sur les pierres, la tortue qui disparaît longtemps et revient toujours… J'ai des petites plantes grasses en pots que je ramène de tous les endroits où je vais. Certaines d'entre elles me font penser à Bonnard ou à Matisse… Il y a un vrai graphisme dans les plantes. Il y en a une qui vient de Venise, tombée d'un balcon… J'ai aussi des pierres que j'aime et qui sont originaires de Bretagne où j'ai vécu avec mon père, un vrai fou de

Une collection de petits pots
destinés aux semis.
Vieil arrosoir et plantes grasses
en pots.

nature. Pharmacien et herboriste, il me déclinait, pendant nos balades, tous les noms de plantes en latin... Ici, j'ai un morceau de granit breton avec des lichens, c'est comme une petite chapelle bretonne dans mon jardin... Dans ce jardin, il y a des petits bouts de mon histoire. Il est écrit comme un poème. Tout le monde en profite. Mon mari taille, ma fille y flâne.

Le matin, je me lève très tôt et vais me promener dans mon jardin avec mon bol de café. Je suis un peu une paysanne à Paris. La nuit, quand je n'arrive pas à dormir, je vais dans mon jardin. C'est étonnant, rien n'y est gris : on voit les verts, les ocres, les jaunes, il y a une couleur la nuit, une espèce de doré diffus. C'est beau parce que c'est sourd. Le matin, la première chose que je fais, c'est de regarder le ciel ; s'il pleut, s'il fait soleil, les lumières, les transparences. Un jardin, c'est le paradis terrestre. Je n'ai pas besoin de voyager. Tout est là quand on sait regarder. On voit pousser les fleurs. Les roses forment une véritable avalanche en mai, reviennent en juillet, certaines remontent jusqu'en décembre.

Chaque année, ma glycine blanche me ravit. Je cueille les fruits, poires, pommes, groseilles... Je taille le buis. Le buis participe au dessin quand on le taille en boule. Pour moi, le buis, c'est le vert permanent, c'est l'Italie. Il y a toutes sortes de buis, à feuilles rondes, pointues, panachées... Je fais mes boutures, je les suis, je les façonne. Plus ça va, plus je m'oriente vers un jardin de curé. Je bêche mon jardin et je trouve cette fatigue très saine.

Je profite de chaque saison. Chacune a ses rythmes, ses qualités, ses images. Quand je rentre en août, le jardin est luxuriant, c'est une débauche. Je laisse les mauvaises herbes qui ont poussé quand je n'étais pas là, jusqu'à la taille d'hiver. Je préfère par-dessus tout l'hiver, sa rigueur, ce dépeuplement, cette humidité. On croit que c'est une saison morte, mais c'est un sommeil où tout se ressource. Quand les plantes sont taillées, il y a une certaine misère dans laquelle on sent une grande force. Bien sûr, le printemps est superbe. C'est la fraîcheur, la tendresse des pousses, je n'aime pas trop l'été. Par contre, l'automne, quand les feuilles tombent, on a le plaisir de marcher dessus. La nature nous donne une leçon de vie extraordinaire, car tout se renouvelle sans cesse, c'est une source de nostalgie et aussi de joie. »

# *Le potager*
# *de* MISHKA

CE QU'IL Y A D'EXTRAORDINAIRE DANS LE POTAGER DE MISHKA –
MIS À PART LE FAIT QUE SES LÉGUMES ET SES FLEURS POUSSENT EN
PLEIN 20ᵉ ARRONDISSEMENT – C'EST QU'IL EST ACCOLÉ AU PÈRE-
LACHAISE, LE PLUS GRAND CIMETIÈRE DE LA CAPITALE.

En effet, un simple mur orné d'une treille et d'une fontaine contre laquelle sont posés de rustiques arrosoirs sépare les 44 hectares du Père-Lachaise d'un des derniers potagers de Paris. Le potager de Mishka est une sorte de miracle dans la ville. C'est une enclave bucolique, un secret bien gardé, derrière un immeuble construit au début du siècle et qui cache une élégante folie du XVIIIᵉ siècle qui possédait, à l'époque, un beau parc maintenant disparu. Cet îlot de végétation, niché au milieu d'immeubles, déborde de vitalité et donne le sentiment de pénétrer dans une terre sauvage et secrète.

On accède dans le potager de Mishka par un sentier qui court entre une mosaïque de petits jardins entretenus avec une certaine insouciance. On a l'impression, ici, de se tailler un chemin en plein champ, tant les herbes sont hautes. Elles sont parsemées parfois de coquelicots ou de touffes de pieds-d'alouette qui arrivent au niveau du regard ! En passant, on remarque une canne de bambou posée sur le sol qui délimite un parterre fraîchement désherbé.

« Je ne peux pas vivre sans jardin, explique Mishka. J'ai passé mon enfance aux Essarts, près de Paris, où un merveilleux jardin m'a donné le goût de la nature. Puis j'ai vécu longtemps dans l'Ouest canadien avec mon mari, écrivain tout aussi épris que moi de plantes et de voyages. Nous avions un jardin là-bas. Il m'a donc semblé naturel, à notre retour, d'en avoir un pour garder à Paris le sens des saisons, le contact avec la terre. J'ai eu la chance de pouvoir, il y a dix ans, acheter ce terrain et le sauver de la construction immobilière. »

Un baquet en bois et deux vieux arrosoirs ornent ce coin de mur. Une table pliante et quelques chaises sont placées à l'ombre du grand marronnier.

Ici, rien n'est quadrillé ni directif. Contrairement aux jardins d'ouvriers, tout semble pousser en pleine liberté. On passe sous une arche constituée par un olivier de Bohême aux feuilles gris-vert et l'on découvre alors avec surprise, tout au bout, la cabane en bois de Mishka, abritée sous un superbe marronnier avec à son pied une touffe d'iris. C'est là que Mishka vient, quand bon lui semble, voir ses fleurs, planter, biner ou flâner, prendre un thé qu'elle prépare dehors, dans une petite bouilloire en fer d'autrefois et qui chauffe sur un feu de fortune, posée par terre entre quatre briques. La cabane est adossée au mur mitoyen du cimetière tellement planté de grands arbres qu'il fait l'effet d'un gigantesque parc tranquille. On ne peut s'empêcher de penser à la petite maison de Jean-Jacques Rousseau, perdue dans la campagne, aux rêveries d'un promeneur solitaire.

« Il m'arrive de laisser le jardin seul très longtemps, d'autres fois j'y suis tous les jours. J'aime cet endroit que j'ai mis des mois à nettoyer. J'ai à cœur de l'entretenir. C'est un monde en miniature. C'est ma manière à moi de travailler pour la planète, ma manière de lui rendre sa virginité. »

Contre le mur, Mishka a remplacé une vieille vigne par des ceps qui lui donnent un délicieux muscat de Hambourg. Un baquet, « le même que celui dans lequel on faisait boire les chevaux lorsque j'étais enfant », lui permet de recueillir l'eau de pluie pour arroser les plantes. Un peu plus loin, Mishka a planté un figuier qui donne des figues blanches d'Argenteuil, délicieuses. Elle a aussi dans le jardin un pommier, deux poiriers palissés et, bien sûr, un pêcher de vigne. Il semble, de prime abord, que rien ne peut pousser dans ce fouillis, mais tout y vient à foison : les fruits, les légumes, les fleurs. Des kiwis escaladent le mur. On trouve un cassissier, un framboisier, des groseilliers à maquereaux qui nous rappellent les potagers et les vergers de notre enfance.

*Ci-contre :* ballet de fleurs de courgettes.

*À droite :* au pied des immeubles, le fantastique foisonnement du jardin.

Mishka apprécie aussi les plantes grimpantes : jasmin, clématites, bignonia, chèvrefeuille, jusqu'aux roses que l'on retrouve perchées dans les arbres. Elle adore le parfum du seringat comme celui d'une des plus jolies roses anciennes, 'Cuisse de Nymphe'. « Je trouve séduisantes les roses trémières qui coiffent les hautes herbes. Elles se mélangent très bien aux acanthes, à la fleur d'artichaut si impressionnante, à la monnaie-du-pape... » Parmi les arbres, on découvre des noisetiers, un sureau dont elle réserve une partie des grappes violettes pour faire des confitures, et un amélanchier à fleurs blanches, planté en souvenir du Canada, et dont les fruits sont là-bas très appréciés des ours.

Mishka fait parfois des piles avec de petits branchages où prolifèrent les insectes qui attirent les oiseaux. Elle a même de la bourrache, qu'adorent les abeilles. Elle veille à obtenir un équilibre entre les insectes, les oiseaux et la flore. Pour son engrais, elle mélange du purin d'ortie, une décoction de prêle et les cendres du feu. Le plus étonnant sont les carrés de légumes. Ces petites surfaces entourées d'un grand foisonnement végétal sont préparées à la perfection. Il y a là les pousses raffinées des semis qui ont l'air très fragiles et qui sont pleins de fraîcheur et aussi des choux portugais, des oignons, des fèves, de la roquette... On dirait un coin aménagé par un enfant qui joue à la dînette, sans aucune idée de rendement. Tout à côté se trouve le jardin des herbes : thym, estragon, cerfeuil, coriandre, absinthe, menthe. Dans cet endroit où tout se chevauche, buis taillés en boule et herbes hautes, légumes et roses, Mishka se sent chez elle. Elle sait qu'elle a quelques lapins sauvages et même un loir. Elle rêve de se trouver nez à nez avec un hérisson.

# Le jardin de la
# MAISON
# DE TALMA

BEAUCOUP D'ARTISTES AIMÈRENT LE 9E ARRONDISSEMENT.
GUSTAVE MOREAU Y AVAIT SA MAISON ET SON ATELIER,
AUGUSTE RENOIR ET VICTOR HUGO Y VÉCURENT EUX AUSSI.

Mais, bien avant cela, sous le premier Empire, des foules enthousiastes se précipitaient sur les hauteurs dominant l'actuelle église de la Trinité, pour y écouter le célèbre Talma, l'acteur tragique préféré de Napoléon. La vie privée et la vie professionnelle de Talma étaient d'autant plus étroitement mêlées que la maison qu'il habitait était attenante à son théâtre. Un peu comme l'Empereur qui, à la Malmaison, glissait de son lit à son bureau par un escalier à vis pour ne pas perdre une seconde de son temps !

À l'époque, en quittant le théâtre, Talma pouvait rejoindre sa maison en traversant le jardin où il avait fait installer de nombreuses statues à l'antique. Lorsque l'actuel propriétaire reprit l'endroit, le jardin avait perdu son allure théâtrale d'antan, pour devenir une forêt vierge. Mais il restait, près de la maison, un grand buis, semblable à un arbre, qui devait avoir un bon siècle. C'est ce buis qui décida le propriétaire de s'installer ici : « J'ai toujours vécu dans des maisons dotées de jardins et je me rends compte maintenant que je n'aime habiter que les rez-de-chaussée, parce qu'ils ont un ancrage à la terre. »

La maison, de style Directoire, est toute blanche, avec une façade ponctuée de vieilles persiennes. L'emplacement du salon dessine un demi-cercle au

Un buis, deux fois centenaire, couvre de son ombre une jetée d'impatientes blanches et roses bordée de lavandes. L'extraordinaire voisinage d'un bonsaï et d'un massif de camélias.

Sur un caillebotis en bois prolongeant la terrasse, une table de jardin et des chaises permettent de prendre un petit déjeuner dans la fraîcheur matinale ou, en fin d'après-midi, de lire en toute tranquillité sous les ombrages.

centre de la façade et ouvre sur le jardin par un jeu de portes-fenêtres. De la pièce, on aperçoit une belle pelouse à l'anglaise, avec quelques grands arbres, notamment un acacia au feuillage léger frémissant au moindre vent et un magnifique magnolia qui fleurit au printemps. Sous le grand buis, à présent joliment taillé en dôme, une jetée d'impatientes blanches et roses s'ourle de lavandes.

Les massifs qui bordent la pelouse se composent de différents hydrangéas, parmi lesquels le très élégant *Hydrangea serrata* 'Grayswood' à feuilles plates, accompagné du classique et vigoureux *H.* 'Madame Émile Mouillère', aux fleurs d'un blanc ivoire, ravissantes quand elles sont, comme ici, associées à des roses anciennes au parfum délicat.

Au fond du parc, près des massifs de choisyas parfumés, un banc permet de profiter de l'ensemble du jardin et de la maison. Non loin, un superbe bonzaï, par sa ligne épurée, apporte une note très contemporaine.

« Grâce à mes grandes fenêtres, j'ai toujours l'impression de me réveiller dans mon jardin. Rituellement, je sors en peignoir me promener, ma tasse de café à la main. Certes, je délaisse parfois un peu mon jardin, faute de temps, et je n'en profite jamais assez, mais je n'arrive pas à m'en passer. Il fait partie de moi. Il est même plus important à mes yeux que l'appartement. »

*Un jardin de famille*
# DANS LE MARAIS

LE QUARTIER DU MARAIS TIENT SON NOM DE CE QU'IL ÉTAIT À L'ORIGINE
UN MARÉCAGE QUE DES COMMUNAUTÉS RELIGIEUSES ONT INVESTI
ET ASSÉCHÉ AU XIIIᴱ SIÈCLE. AUX XVIᴱ ET XVIIᴱ SIÈCLES, LE MARAIS
ÉTAIT DEVENU UN DES QUARTIERS LES PLUS RECHERCHÉS DE PARIS,
LE PLUS RICHE EN HÔTELS PARTICULIERS.

Le grand magnolia avec, à son pied, un parterre d'impatientes blanches.

Après les remaniements engagés par le baron Haussmann au milieu du XIXᵉ siècle pour assainir le dédale de ruelles médiévales, le quartier connut une longue éclipse. Ce n'est que dans les vingt dernières années qu'une véritable rénovation s'est mise en place. Le jardin que nous visitons est situé dans un des premiers îlots à avoir été restauré. « À l'époque, raconte la propriétaire, cela paraissait audacieux d'acheter dans le Marais une maison, même avec un jardin ! Je venais de me marier et nous faisions figure d'originaux pour nous être éloignés de la place Victor-Hugo ! Si, au lieu de cette grande maison et du jardin, nous avions acheté un appartement dans le 16ᵉ arrondissement, nous n'aurions certainement pas eu cinq enfants. » Ce lieu, en effet, est devenu au fil des ans une vraie maison de famille.

« Au moment de l'acquisition, la maison d'époque Renaissance était dans un état catastrophique. Le jardin avait été utilisé comme entrepôt, avant d'être éventré en partie pour permettre la construction d'un parking souterrain. C'était la désolation. Nous avons malgré tout tenté l'aventure. Par un curieux concours de circonstances, au même moment, il nous a fallu assumer la responsabilité d'une propriété familiale classée et nous avons pris conscience de la diversité des problèmes : on ne traite pas de la même manière la restauration d'un grand parc et celle d'un jardin parisien. Je n'avais pas de

*Ci-dessus :* du balcon,
on découvre les plantes
offertes par des amis
à la maîtresse
des lieux.

passion particulière pour les jardins, ce sont les cours du Potager du Roi, à Versailles, et ceux du jardin du Luxembourg qui ont éveillé mon intérêt et m'ont tout appris. »

Le jeune couple se lance à Paris dans des travaux importants : remaniement complet de la maison, déplacement de tonnes de terre pour combler le trou béant, transplantation d'un gros magnolia… « Les choses se sont faites petit à petit, avec l'aide de deux étudiants de l'École du Paysage. La baguette magique est le plus mauvais des outils de jardin et la patience la meilleure vertu. »

On accède au jardin situé en contrebas de la maison par un escalier orné d'un perron. De là, on a une vue d'ensemble sur une pelouse ombragée par le magnolia, qui a superbement repris, et des bouleaux argentés. Bien sûr, il y a une cabane à outils près d'un grand laurier-sauce, un coin avec une table et des chaises. Les plantations sont parfois un peu surprenantes, elles ont été réalisées au gré des cadeaux faits à la maîtresse de maison par ses amis. L'ensemble a un air décontracté que l'on trouve rarement dans les jardins à Paris, surtout dans ce quartier historique. « J'ai regroupé au pied de l'escalier ce que j'appelle les "mercis" ! S'y trouvent grand nombre d'hortensias "choux-fleurs", auxquels je tente de substituer progressivement des hydrangéas plus raffinés. Je me suis aussi trouvée débordée un moment par

*Ci-dessous :* une jolie association d'hydrangéas à fleurs blanches, d'un blanc cassé, avec des impatientes d'un blanc pur. Une table et des chaises pour jouir de la beauté du jardin agrémenté de plantes en pots.

une foule de *Pittosporum*... En revanche, le gazon n'a jamais voulu pousser parce que le jardin est trop à l'ombre. Je l'ai remplacé avec un total succès par de l'helxine et j'ai planté plusieurs pieds d'acanthes dont j'aime la forme découpée et recourbée des longues feuilles très ornementales. J'ai même un figuier, rejeton d'une branche qu'on a jetée, sans y penser, et qui, à notre surprise, s'est mise à pousser ! »

Peu intéressée autrefois par les jardins, la jeune femme y passe à présent de longs moments à tailler, semer, repiquer : « C'est un peu mon laboratoire. Je prends des boutures de framboisier à la campagne, je les mets en terre et ça marche... J'ai fait toutes les erreurs possibles pour apprendre à ne plus trop me tromper. Apprendre sur le terrain reste à mes yeux une très bonne école. J'ai un vrai contact avec les plantes. Je les aime presque toutes, à l'exception de ce qui est tropical parce que trop fragile et de couleur trop vive sous le ciel parisien. Mais ce qui me plaît le plus dans ce jardin, c'est que chaque arbre, chaque plante me rappelle quelqu'un ou quelque chose. Ce sont ces souvenirs et cette dimension affective qui lui donnent sa vraie personnalité. »

# Le jardin d'une
# ARTISTE

PASSIONNÉE PAR LA MODE – ELLE Y A IMPOSÉ SON NOM COMME STYLISTE –
ET PAR L'ART – ELLE PEINT AVEC TALENT –, ANNE-MARIE BERETTA
A AUSSI UN VÉRITABLE AMOUR POUR LES JARDINS, QUI TOUCHENT À CE QUI
EST ÉPHÉMÈRE ET EN CONSTANTE RENAISSANCE, COMME LES COULEURS
ET LES FORMES.

En pénétrant dans son appartement qui communique par de hautes portes-fenêtres avec son jardin, on est frappé par le côté vivant et coloré de la décoration. L'éclectisme et l'esprit créatif d'Anne-Marie imprègnent les lieux – dedans comme dehors.

Quand arrive l'hiver, Anne-Marie Beretta rentre certaines de ses plantes, notamment deux magnifiques citronniers installés dans de grands pots d'Anduze, ses mandariniers et ses bégonias panachés… Elle rentre aussi ses oiseaux à l'abri d'une grande volière. Ainsi, on a l'impression, en hiver, que l'appartement est un jardin.

Le paysagiste Camille Muller a tracé les grandes lignes du jardin, mais c'est Anne-Marie Beretta elle-même qui l'a transformé, petit à petit. « C'est un vrai bonheur de revenir ici pour découvrir les merveilles qu'Anne-Marie Beretta ne cesse d'introduire dans son jardin », nous confie Camille Muller. Elle plante ce qui l'intéresse, obtient des arbres à partir de petits noyaux, réaménage, taille, surveille, fait vivre son jardin, avec lequel elle se sent en parfaite connivence. En ce sens, on peut dire que c'est un jardin féminin.

Anne-Marie Beretta est aussi attentive avec ses plantes qu'elle l'est avec ses oiseaux. Lorsque, en 1986, l'hiver fut rigoureux, et le gel intense, elle recouvrit ses plantes avec tout ce qui lui tombait sous la main, dans l'espoir de les sauver. Grâce à ce geste protecteur, elles échappèrent à la catastrophe ! Orienté plein sud, son jardin se prolonge d'une terrasse flanquée de pots d'Anduze où poussent des citronniers, des buis taillés en boule, des lavandes et, même, un petit palmier… Sur la façade recouverte de rosiers, grimpe

Toute la végétation du jardin semble naître de cette gigantesque coquille renversée.

Fenêtre en balcon noyée
dans la végétation.
Rosa 'Mermaid', la rose préférée
d'Anne-Marie Beretta.
Devant un mur couvert de
rosiers grimpants, deux fauteuils
sont placés entre un buis et
des citronniers en pots.
Un pêcher aux feuilles vert
tendre, né d'un noyau
qu'Anne-Marie Beretta a planté,
se laisse assaillir par les roses.

aussi un poirier qu'elle a fait palisser. Devant la maison, la pelouse est bordée de massifs et d'arbres : un vrai foisonnement, bien étagé et riche de profondeurs astucieusement organisées. Un polygonum vieux de plus de vingt ans, qu'Anne-Marie Beretta a ramené de son ancien jardin, se recouvre de fleurs blanches et devient une véritable cabane pour les oiseaux du bois de Boulogne : « Il y a des rouges-gorges, des mésanges, des bouvreuils, des roitelets, et des merles bien sûr. »

Les grands pots d'Anduze, à droite et à gauche de la terrasse, donnent, par contraste, à ce jardin assez petit une certaine ampleur. Anne-Marie Beretta y a planté des mandariniers et des pivoines, aux pétales de soie rose et blanc. Elle aime beaucoup les arbres fruitiers et il y en a quelques-uns ici : le poirier palissé qui se couvre de ravissantes feuilles vert tendre au début du printemps, les pommiers somptueux lorsqu'ils sont en fleur, le néflier du Japon qu'elle a obtenu à partir d'un noyau, et le pêcher qui est parfois si chargé de fruits qu'elle en fait des confitures ! « La méthode de multiplication est simple, nous confie-t-elle. Je mets les noyaux dans des pots, protégés par un grillage qui empêche les oiseaux de faire des dégâts et lorsque les coques éclatent, je replante. Ensuite, il faut beaucoup de patience… »

Anne-Marie Beretta fait pousser aussi quelques arbres que l'on trouve rarement dans les jardins parisiens : un sorbier, quelques fusains, un mahonia… Mais aussi un *Phillyrea angustifolia*, un *Deutzia*, beau buisson à fleurs blanches, un *Vitex* aux feuilles oblongues, aux fleurs bleues et au parfum de camphrier. Elle a planté aussi des camélias blancs à cœur jaune, *Camellia japonica* et *C. sasanqua* 'Papaver' à fleurs odorantes, un des rares camélias à avoir cette qualité.

À l'origine, Anne-Marie Beretta rêvait d'un jardin blanc. Mais comprenant vite qu'elle préférait la couleur, elle choisit pour sa roseraie l'orangé comme unité de ton. Et comme le jaune velouté est une très jolie teinte pour les coins ombragés qu'il égaye, elle opta pour *Rosa* 'Mermaid'. Les camaïeux de verts sont ravissants, allant du vert foncé des camélias, des buis et des lauriers, au vert pâle des fruitiers et au gris-vert de l'olivier. Les feuillages sont très variés : forme ramassée chez les camélias, oblongue chez les azalées, lancéolée chez les bambous, l'olivier… Le jardin est bien exposé, la lumière y est belle. La présence des oiseaux, des fruits et des fleurs le rend très gai. Son charme vient aussi du choix raffiné des espèces.

Une clématite à fleurs roses et blanches 'Nelly Moser' recouvre le mur et le buste de femme qui orne celui-ci.

*Double page suivante :*
une colonne orne le mur, surmontée d'un nuage de roses rouges.
Le grand bassin central en forme d'œil, devant le mur à colonnades qui délimite les jardins annexes.

# L'ITALIE À PARIS :
## *bassins, fontaines et colonnades*

LES RUES PROCHES DE LA BASILIQUE SAINTE-CLOTILDE JOUISSENT D'UNE EXQUISE TRANQUILLITÉ. PEU DE VOITURES, À PEINE DE BRUIT, QUELQUES PROMENEURS, DES ENFANTS QUI JOUENT SUR LE PARVIS… ON SE CROIRAIT PRESQUE QUELQUE PART EN PROVINCE.

C'est un quartier privilégié car s'y dissimulent, derrière les façades assoupies, nombre de jardins secrets. Celui que nous découvrons ici compte parmi les plus séduisants. Il appartient à un splendide hôtel particulier du XVIIIᵉ siècle, véritable maison de famille.

Une jolie cour intérieure pavée mène au jardin qui se trouve à l'arrière de la maison. Ses proportions très équilibrées et son tracé original, la présence de l'eau, celles de statues et d'éléments d'architecture d'inspiration Renaissance lui confèrent un très grand charme. Rectangulaire, centré sur un bassin ovale, entouré d'une grande pelouse, elle-même encadrée d'un dallage de pierre, le jardin comporte, sur les côtés, deux parties symétriques légèrement en surplomb. Clôturé d'un mur rythmé par une succession de colonnes en marbre, il est entouré d'autres jardins plantés de beaux arbres qui semblent le prolonger. Son orientation sud-ouest lui permet d'avoir le soleil toute la journée. La lumière du matin, explique notre hôte dont la famille habite ici depuis plusieurs générations, rend le jardin merveilleusement vivant et celle du couchant l'illumine d'une lumière très douce.

« Notre famille s'est installée ici après la Première Guerre mondiale. Il a fallu restaurer à la fois les bâtiments et le jardin qui avaient bien souffert des dégâts occasionnés par un canon allemand dont le nom est passé à la postérité, la grosse Bertha.

À l'origine, il n'y avait ici qu'une vaste étendue de pelouse. Mes grands-parents qui avaient un faible pour le théâtre et aimaient organiser des représentations entre amis ont commencé par créer une scène à chaque extrémité du jardin en rehaussant le terrain. Ainsi, en juin 1921, on donna un premier spectacle, sur une musique de Reynaldo Hahn, et avec une mise en scène due au professeur de pantomime de Colette. Nos grands-parents apportèrent les quelques embellissements jugés nécessaires. Ayant un faible pour les Anciens, ils firent venir tout le décor d'Italie : colonnes, vasques, pots à feu… Ils firent creuser, dans l'axe de la façade, un bassin ovale, aujourd'hui rempli de nénuphars et de papyrus, agrémenté d'une fontaine. Ma grand-mère qui adorait les fleurs, surtout les roses, en planta beaucoup. »

Au fond du jardin, du côté droit, un léger dénivelé souligné par trois longues marches marque le passage vers une terrasse. Deux murets ornés chacun d'un pot en pierre du XVIIIe siècle marque l'entrée. Des claies servent de support à un chèvrefeuille à corolles jaunes teintées de rose et forment une sorte de paravent. Dans l'axe des marches, on aperçoit une fontaine en rocaille recouverte d'un nuage d'helxine, vert d'eau. Son côté moussu, lumineux et frais, a quelque chose de baroque.

*À gauche :* la maison ouvre sur le jardin silencieux où l'on n'entend que le petit bruit du jet d'eau. Fontaine en rocaille bordée sur la gauche d'un *Ilex*

panaché, et sur la droite des larges feuilles de *Gunnera*.

*Ci-dessous :* bordure d'*Iris germanica, I. setosa, I. spuria.*

Un pied de bambou nain aux feuilles acérées, *Otatea acuminata*, perce sur le côté cette masse verte, comme une flèche. À droite, un *Gunnera* répand ses larges feuilles vert foncé, un lierre panaché borde le mur. Le camaïeu de verts est ravissant. Le mur est recouvert d'un côté de clématites, de l'autre de rosiers. Dans l'angle, deux choisyas déploient leurs myriades de fleurs blanches, encadrant un petit banc de pierre où, lorsque l'on vient s'asseoir un instant, on se trouve à la fois enivré par le parfum des orangers du Mexique et bercé par le clapotement de l'eau.

Dans le choix des fleurs, on reconnaît le goût délicat de Louis Benech, qui utilise des variétés d'une grande simplicité et une harmonie de couleurs inspirée du travail de Gertrude Jekyll, célèbre paysagiste anglaise du début du xxe siècle. Trois tonalités dominantes, bleu, rose et blanc, se détachent sur un fond gris-vert de lavandes, de romarins, de santolines… Un éventail d'iris – *Iris germanica, I. setosa, I. spuria* – déclinent leurs gammes de bleus : bleu vif ou foncé, mauve, parme, violet. Les roses et les blancs sont amenés par le chèvrefeuille, les cytises, les roses anciennes qui grimpent le long des murs… Le bassin central, ourlé d'une bordure en pierre, est entouré de deux massifs couverts de petites fleurs blanches très légères. Assez volumineux pour créer un effet de profondeur, ils ne réduisent cependant pas l'espace qui donne toujours l'impression d'être dégagé.

Le long du mur des colonnades, on retrouve une même unité dans le choix des espèces : sur un fond de rosiers grimpants, des iris, des hostas, quelques bouquets de fougères. La seconde terrasse sur laquelle ouvre la porte-fenêtre d'un des salons est particulièrement agréable le soir car elle bénéficie du soleil couchant. Placée à l'autre extrémité du jardin, elle fait pendant à la première, créant un effet de symétrie harmonieux. Un buste posé sur une stèle surplombe un grand banc de pierre du xviiie siècle. Un nuage de clématites mauves lui recouvre les épaules pour s'étendre tout le long du mur. Entre les deux terrasses s'étire la longue et élégante façade de l'hôtel. Elle a ce côté « négligé » qui donne aux maisons de famille un charme indéfinissable : portes-fenêtres restées entrouvertes, persiennes parfois mal rabattues…

La maison respire une nonchalance, un bonheur de vivre, un naturel devenus rares. Le jardin est plein de vie, les enfants y font irruption à toute heure. Ils jouent, se poursuivent en riant aux éclats. On a le plaisir rare de pouvoir y dîner le soir, à la lueur des photophores.

# *Un jardin*
# ART NOUVEAU

PRÈS DE LA PORTE D'AUTEUIL, DANS LE 16ᴱ ARRONDISSEMENT,
ON A CONSTRUIT, AU DÉBUT DU SIÈCLE, BEAUCOUP DE MAISONS
PARTICULIÈRES. CERTAINES D'ENTRE ELLES ONT ÉTÉ DESSINÉES
PAR DES ARCHITECTES QUI S'INSPIRAIENT DE L'ART NOUVEAU.

C'est le cas de cette maison dissimulée derrière un rideau de végétation et dont le porche est envahi par une ravissante glycine mauve qui déborde sur le trottoir. C'est la première maison construite par Hector Guimard, qui en a dessiné aussi le jardin. Le style Art nouveau voulait réagir contre le géométrisme fonctionnaliste que Guimard jugeait d'une laideur affligeante. La recherche de Guimard s'inspirait des formes végétales souples et arrondies mieux adaptées, pensait-il, à la réalisation d'une véritable synthèse entre architecture et art décoratif. Guimard dessinait tout, intérieur et extérieur, avec un raffinement qui penchait parfois vers le maniérisme.

Dès l'entrée, le regard est saisi par l'enchevêtrement fantastique des branches d'une gigantesque glycine. Cette atmosphère de foisonnement végétal est d'autant plus marquée qu'elle est reprise, sur la gauche, par un massif épais de bambous. Le motif de la glycine a été fréquemment utilisé par l'Art nouveau, pour sa couleur de rêve, mauve lilas, et la souplesse de ses branchages, qui lui donne un côté oriental. Assez oriental aussi et propre à l'Art nouveau, est le contraste entre la luxuriance de la végétation et l'allure épurée des matériaux. Ainsi, le petit chemin qui nous guide est-il en briques roses posées de chant et composant des losanges. Minutieusement traité, son dessin précis et raffiné rend, par contraste, plus délicieux encore de se promener dans la végétation d'allure sauvage.

*À gauche :* devant la maison, un chemin bordé de bambous, d'*Ilex* et de buis taillés permet d'accéder à une petite terrasse ensoleillée.

*Ci-dessus :* le porche d'entrée sous sa glycine mauve de Chine.

La maison, ouverte sur le jardin, est en partie dissimulée par un néflier et par un grand massif de laurier.

Au fond du jardin, le toit de l'atelier disparaît joliment sous une glycine centenaire. Une agréable retraite protégée par des massifs de rhododendrons.

Autre effet de contraste, on découvre, à travers cette première impression de débordement végétal, la silhouette impeccable de plusieurs buis taillés en boule, celle d'un houx panaché et d'un résineux nain pleureur, dont la croissance a été artificiellement contrôlée, par hybridation, un peu comme les Asiatiques parviennent à nanifier certaines essences, dans l'art du bonsaï. Lorsqu'on se laisse guider par le chemin, on aperçoit une grande baie faite de vitraux que l'Art nouveau se plaisait à employer, déjouant ainsi la transparence du verre, qui tue toute intériorité et rend la lumière trop frontale, éliminant ses dégradés, son intimité, toutes ses nuances. L'ensemble du vitrail est encadré d'un bois bleu sombre, il est entouré des deux côtés de panneaux de faïence représentant un feuillage grimpant et des fleurs jaunes piquées au cœur, de ce même bleu qui souligne la fenêtre.

Tout à côté de la baie aux vitraux, la glycine escalade le mur de la maison, reprenant le mouvement du panneau décoratif. Avant d'arriver à l'escalier qui conduit sur une petite terrasse, on passe à côté d'un choisya taillé que surplombe un rosier mené sur tige.

On quitte cette terrasse aux balustres néogothiques, pour se retrouver sur le côté de la maison dont le mur est couvert de vigne vierge – la feuille de vigne est aussi un motif de l'Art nouveau –, dans une allée que borde une haie de bambous impeccablement taillés. Au long de celle-ci, Guimard a placé une ligne légèrement irrégulière de pierres blanches, posées sur le chant, qui fait un effet de bordure assez étrange, mais très vivant. Cette ligne blanche serpente le long des massifs qu'elle sépare de la pelouse très verte. Elle a un

Ce vitrail de Guimard orné
de panneaux de céramique
jaune à motifs floraux est
encadré par les troncs noueux
de la glycine.

rendu très contemporain, quelque chose à la fois de Gaudi, de Dubuffet et
de Niki de Saint Phalle. Plus intéressante qu'une bordure droite qui minéra-
lise tout, elle procure à l'ensemble du jardin, pelouse et massifs, l'air d'une
sculpture contemporaine, l'allure de quelque chose d'organique, de vivant.
Plusieurs marronniers taillés nous guident vers une grande pelouse d'où l'on
découvre tout l'arrière de la maison, avec ses grandes baies donnant sur une
terrasse rose. Un haut massif, légèrement arrondi, la cache en partie. Il est
constitué d'un taillis de lauriers et, plus en avant, d'un néflier aux feuilles
vert bronze lancéolées. En sous-étage, on trouve des mahonias, des bouquets
d'hostas, des géraniums odorants aux fleurs bleues.
Sur la terrasse, des pots originaux constitués de grandes plaques d'ardoise
percées aux extrémités pour pouvoir être attachées, portent des hydrangéas.
Au fond du jardin, un chalet refuge se cache à demi derrière des massifs de
choisyas, de bambous, de lilas et de rhododendrons. Une très vieille glycine
escalade son toit. À l'ombre d'un magnolia, poussent quelques *Hydrangea
paniculata*, aux fleurs blanches très élégantes.
Grâce à ses propriétaires passionnés, cette maison de Guimard a retrouvé
toute sa vie, autour de ses jardins auparavant abandonnés et qui lui font
maintenant un véritable écrin.

# *Un refuge dans*
# LA VERDURE

LES JARDINS SONT INSÉPARABLES DE LA VIE D'AUDE DE THUIN.
ELLE EN A UN EN CORSE, ET UN AUTRE À PARIS. SA VIE
PROFESSIONNELLE LEUR EST TOUTE CONSACRÉE, PUISQU'ELLE ORGANISE
CHAQUE ANNÉE AVEC SUCCÈS À PARIS, AU MOIS DE JUIN,
LES MANIFESTATIONS SUR L'ART DU JARDIN.

À Paris, son jardin, dans le 16e arrondissement, est situé au détour d'une ruelle. Le mur, couronné des frondaisons de tilleuls, est percé d'une porte dérobée qui donne l'impression de pénétrer dans un monde secret.

Ce jardin est très ombragé. Pour se protéger d'un voisinage très proche, Aude de Thuin a conservé les tilleuls qui étaient présents, y ajoutant des massifs, notamment de bambous, qui ont le mérite de grimper haut et de pousser vite. Elle a choisi, pour remanier son jardin de petite taille, Camille Muller, connu pour son art de recréer des atmosphères pleines de poésie. Le paysagiste a fait retourner tout le sol et ajouter de grandes quantités de terre. Ensuite, il élagua les tilleuls, faisant des trouées qui laissent passer la lumière. Camille Muller a divisé le jardin en deux parties, l'une proche de la maison – agréable maison bourgeoise en pierre recouverte de végétation –, qui reste assez ombragée, et où il installa de nombreuses plantes en pots. La seconde partie, au contraire, est assez lumineuse pour s'orner d'un beau gazon, avec en son milieu une fontaine. À hauteur de celle-ci, vers la maison, on découvre un joli jardin d'hiver qui se prolonge à l'extérieur par des claies en bois où

Devant une haie de bambous,
un banc en fer peint en blanc.

*Double page suivante :*
un salon intime au sein d'une
végétation luxuriante.

tables et chaises, discrètement disposées autour de quelques massifs de bambous, de buis en pots et de bouquets de gunnera aux feuilles géantes, créent un vrai salon. De la fontaine centrale, on devine entre deux massifs d'azalées et de rhododendrons encadrant une grille, l'entrée d'un jardin légèrement surélevé. Il est fait d'un chemin sinueux, bordé de massifs fleuris, menant vers un « repli », une sorte d'enclos à l'abri, bordé de bambous, où est installé, près d'un choisya au parfum suave, un grand banc en fer forgé peint en blanc. Deux buis en pots, impeccablement taillés en boule, marquent l'entrée de ce passage.

En déambulant le long du chemin on a le plaisir de découvrir des bouquets d'hémérocalles, des pâquerettes, mais aussi des hellébores… En fond de jardin, on découvre une très grande volière que n'occupe aucun oiseau mais qui abrite en son centre une suspension vénitienne très originale. Lorsqu'on revient en direction de la maison, comme nichée dans la végétation, le regard s'arrête sur une collection de pots plantés de ravissantes tulipes blanches.

Le grand éléphant
en buis, debout dans
un massif de
*Cotoneaster dammeri.*

# *Le jardin à* l' ÉLÉPHANT

LA PROPRIÉTAIRE DE CE LIEU A LA PASSION DES JARDINS.
ELLE SAIT APPRÉCIER CE QUI EST ÉPHÉMÈRE, ADORE TAILLER,
PLANTER, DÉCOUVRIR DE NOUVELLES ESPÈCES.

Partout où elle passe, en Île-de-France ou en Haute-Provence, elle laisse un jardin derrière elle. À Paris, elle accepta de louer un hôtel particulier dans le Faubourg Saint-Germain à condition de pouvoir y créer un jardin à l'arrière. C'est aujourd'hui un des plus beaux et des plus originaux jardins privés de Paris. Les portes-fenêtres du salon s'ouvrent sur une large terrasse de pierre, d'où l'on a une vue d'ensemble sur une grande pelouse, bordée des deux côtés d'une haie de buis, avec au fond des arbres à la haute ramure. Sur cet écran végétal se détache un grand éléphant en buis taillé, qui est debout dans un massif de *Cotoneaster dammeri*, astucieusement choisi, car ce massif attire au printemps des nuées d'oiseaux friands des baies rouges. Derrière l'éléphant se dresse un buisson de bambous *Pleioblastus viridistriatus*, au feuillage vert-jaune. Quatre buis constituant des massifs taillés en arrondi le cadrent aux extrémités. Voilà donc l'éléphant dans la savane, en lisière de forêt et en plein cœur de Paris ! C'est là une jolie réalisation, vivante et originale.

Des pots de terre cuite, placés près des portes-fenêtres, sont plantés de tulipes blanches qui donnent un ravissant air de fraîcheur, lorsqu'on les aperçoit de l'intérieur. Dans le même esprit, on retrouve en pots des *Clematis montana*, généralement plantées au pied des murs. Derrière les haies de buis qui bordent la pelouse, se trouvent deux jardins ombragés, auxquels on accède grâce à un joli chemin sinueux. Au printemps, narcisses, hellébores et hostas, aux fleurs

Une tortue prend le soleil
sur les dalles de pierre.
*Clematis* 'Madame Lecoultre'.

Panier et sécateurs abandonnés
sur la table de la terrasse par
la maîtresse de maison partie
faire le tour du jardin.
Sur la terrasse, l'éléphant en
pierre et son petit cousin en buis.

blanches parfumées, accompagnent le promeneur. Ces fleurs se détachent sur un joli couvre sol composé de *Lamium* et d'*Ajuga reptans*.

Partout sur le treillis qui couvre le mur et sur certains arbres, poussent des roses anciennes qui éclairent ce sous-bois. Il y a là 'Perle d'or', une rose de Chine, 'Bobbie James', blanche, et aussi 'Aloha', sur un fond de chèvrefeuille, *Lonicera* 'Halliana', et de clématites, 'Madame Lecoultre', grimpant librement autour d'un arbre. Le contraste est superbe entre le jardin central taillé, aéré, vert sombre, et les côtés proliférants, avec, par endroits, des arbres recouverts de centaines de roses.

En sous-bois, de façon très délicate, la propriétaire a installé un *Mahonia japonica*, couleur bronze en automne et qui, en hiver, a des fleurs parfumées, et plus loin, un jasmin, aux fleurs jaunes, qui embaument tout l'hiver. En fond de jardin, après une promenade dans les sous-bois, on découvre un petit cabinet de verdure, avec un lierre mené en topiaire et un banc en fer forgé où l'on peut s'asseoir tranquillement, enivré par le parfum d'un magnifique seringat, *Philadelphus* 'Virginal', tout proche.

Grand amateur de plantes, la propriétaire aime les idées originales qui nourrissent son enthousiasme. Ainsi, a-t-elle conservé en arbre d'ornement un grand sureau, parce qu'elle aime particulièrement ces grappes d'un noir violacé dont raffolent les merles.

*Jardins*
EXOTIQUES

# Le jardin de l' ISBA

AUTRES TEMPS, AUTRES MŒURS ! SI PHILIPPE AUGUSTE ENSERRA
SA BONNE VILLE DE PARIS DE MURAILLES PROTECTRICES, LE BARON
PEREIRE, SOUS LE SECOND EMPIRE, ESTIMANT QU'IL FALLAIT
PERMETTRE AUX PARISIENS DE SE DÉPLACER AVEC FACILITÉ, ENTREPRIT
LA CONSTRUCTION DU CHEMIN DE FER D'AUTEUIL, À L'EMPLACEMENT
D'UN ANCIEN CHEMIN DE RONDE DES BOIS DE BOULOGNE.

*Ci-dessus :* cette isba faisait
partie du Pavillon impérial
russe de l'Exposition
universelle de 1867.

*À droite :* des massifs de roses
anciennes escaladent la
façade de l'isba et la criblent
d'une avalanche de fleurs
précieuses.

Amateur d'architecture, il s'éprit du Pavillon impérial russe, présenté à
l'Exposition universelle de 1867, si bien qu'à la fin de l'exposition, il fit
transporter non loin de la Muette une partie du Pavillon qu'il ne voulait pas
voir détruire.

De même qu'au XVIIIᵉ siècle, on ornait les parcs de fabriques ou de pagodes
afin d'avoir sous les yeux des exemples d'œuvres des différentes civilisations,
cette isba fut installée dans l'ancien parc de Beauséjour, occupé maintenant
en partie par les jardins du Ranelagh. Pereire pensait qu'elle devait être
habitée de façon amusante, exotique, un peu comme « en passant » et il y
a séjourné à diverses reprises. L'isba, aujourd'hui, est la demeure du baron
et de la baronne d'Orgeval.

De son origine campagnarde, cette maison a conservé le caractère rustique
avec ses murs en rondins et son toit décoré de dentelles en bois découpé. Elle
est décorée, à l'intérieur, dans le style néoclassique cher aux palais de Saint-
Pétersbourg. C'est ce contraste typiquement russe entre naturel et sophisti-
cation que les d'Orgeval ont voulu souligner en créant autour de l'isba un
jardin qui soit une sorte d'écrin.

La porte-fenêtre du salon avec
son buisson de roses anciennes.

*Double page suivante :* près de
la porte d'entrée en loupe
blonde et en bois de Russie,
des rhododendrons
'Cunningham's White' sont
plantés dans des pots florentins.

« Quand j'ai acquis cette isba, il y a environ vingt-cinq ans, se souvient le
baron d'Orgeval, à l'endroit du jardin se trouvaient des boxes à chevaux en
très mauvais état. J'ai fait tout raser pour planter un jardin de vivaces, dont
j'aime le côté sauvage, bien que j'aie pris soin de choisir les espèces les plus
raffinées : anémones des bois, hellébores, pélargoniums, amélanchiers... »
Dans cet esprit, le baron d'Orgeval a planté des arbustes à fleurs rarement
présents dans les jardins parisiens, les associant avec des camélias, des pho-
tinias, des *Ceanothus impressus* et des hydrangéas. Parmi eux, *H. arborescens
quercifolia* 'Snow Queen', aux fleurs blanc cassé piqueté de rose, en forme de
panicule, et aux larges feuilles, qui deviennent rouges au cours de la saison
et se marient avec bonheur aux ors de l'automne.
« J'aime aussi les rhododendrons, explique-t-il, parce qu'ils forment des massifs aux fleurs délicates, notamment *R.* 'Cunningham's White', que j'ai placé
dans des pots florentins, à l'entrée de la maison. Pour lui conserver son
charme rustique, je veille à ce qu'il y ait toujours des fleurs : en hiver, ce
sont les perce-neige, les camélias, les hellébores ; au printemps, les roses
anciennes que je laisse pousser en buisson "sauvage"; en été, les mahonias
et les hydrangéas qui restent en fleurs jusqu'aux premières gelées. Ainsi, j'ai
le sentiment d'avoir évité que cette maison, vestige exceptionnel du passé
ainsi maintenu proche de la nature, ne soit transformée en musée.
Dans le jardin, je me surprends parfois, toujours étonné par l'architecture, à
me demander si je ne suis pas très, très loin de Paris. »

La sphinge du XVIIIe siècle,
tapie dans les feuillages
sur lesquels elle plane comme
leur âme.

*Double page suivante :*
atmosphère luxuriante
de la cour devant la maison.

# Une « COUR JARDIN »
## *à l'italienne*

MI-COUR, MI-JARDIN, VOICI UN LIEU QUI DOIT SON CHARME
À L'ÉTRANGE MÉLANGE DE DEUX STYLES. DE LA COUR, IL TIENT
SON PLAN, DU JARDIN, IL A TOUTES LES SÉDUCTIONS.

Il est à l'image de la sphinge qui l'habite, tapie dans les feuillages, laissant errer alentour son regard de pierre. En passant le porche, on croit s'introduire dans une simple cour, mais il suffit d'avancer pour être saisi par le silence qui y règne, semblable à un sommeil profond. Ici, la végétation imprègne tout de sa présence, elle vit à son rythme propre, dans une pénombre, une fraîcheur et un recueillement que les amoureux de la forêt connaissent bien. On a l'impression d'être tombé au fond du temps, dans une atmosphère proche du rêve. Et, sans aucun doute, cette impression a quelque chose de fantastique, car on est ici sur la Rive Gauche, au cœur de Paris. Cet air d'abandon et d'envahissement végétal, que l'on trouve dans les anciens jardins italiens, est plein de charme, parce qu'il souligne poétiquement le temps qui passe. Le visage de la sphinge est un peu effacé par l'usure et les mousses ont verdi la pierre du socle. L'herbe sauvageonne s'étire le long des murs et la vigne vierge laisse pendre ses lianes par endroits. Les fougères prolifèrent, nourries par l'humidité qui règne toujours là où la nature semble livrée à ses propres instincts… Pourtant, cet abandon n'est que feint et ce « jardin » donne une image inédite du luxe. La prolifération végétale est d'autant plus séduisante qu'elle est le fruit d'une parfaite maîtrise des lieux. Ainsi, le gravier est admirablement ratissé et le lierre proliférant régulièrement taillé. Le désordre est ici agréable parce qu'il cache un ordre parfait.

On quitte à regret ce lieu un peu magique, où se retrouvent paradoxalement mêlés un brin de nostalgie italienne et un air d'insouciance venu du XVIIIe siècle français.

La terrasse avec son pot
en porcelaine blanc et bleu.
Au premier plan, le bassin
et ses rochers originaires
du Japon. Le cerisier, au
printemps, couvre la terrasse
d'une pluie de pétales.

*Double page suivante :*
les larges baies vitrées du salon
s'ouvrent sur le jardin,
son bassin et ses terrasses.

# *Un jardin*
# JAPONAIS

KENZO A TOUJOURS ÉTÉ LE COUTURIER DE LA JOIE DE VIVRE.

Sa mode qui mélange avec bonheur différents folklores, exprime une certaine philosophie de l'existence où la nature est très présente. Ses robes sont comme les fleurs qu'il aime tant. Installé à Paris depuis de nombreuses années, Kenzo ne pouvait concevoir de vivre dans une maison sans jardin. « J'ai un besoin vital d'être en contact étroit et permanent avec la nature. Elle est, pour moi, une source d'inspiration par ses couleurs, ses changements. Elle m'apporte la sérénité. »

Après avoir eu plusieurs maisons avec jardin à Paris, Kenzo désirait, cette fois-ci, dans sa nouvelle demeure, s'offrir un jardin japonais. Ses recherches le conduisirent à acheter, dans une rue proche de la place de la Bastille, une ancienne fabrique avec un espace à ciel ouvert. « J'ai fait appel à Iwaku, paysagiste célèbre au Japon, pour qu'il me dessine un jardin authentiquement japonais, avec une rivière, une cascade, des carpes, des pierres ramenées de mon pays, une flore typiquement japonaise : bambous, pins, cerisiers, érables. Mon idée était de pouvoir à la fois contempler de la maison le jardin et y vivre en allant sur la terrasse pour déjeuner, dîner, flâner. »

Les travaux étaient si importants qu'ils ont duré cinq ans et Kenzo a dû s'installer dans la maison avant que le jardin ne soit entièrement terminé. Iwaku fit transporter de grandes quantités de terre et eut à résoudre de difficiles problèmes d'eau avant de pouvoir installer pins, camélias, érables, cerisiers et bambous.

La maison de Kenzo, rouge et jaune, entre un érable du Japon et un massif de bambous *Phyllostachys pubescens*. Des carpes royales vivent dans le bassin.

« Je voulais un jardin qui soit une sorte de paysage en miniature très dessiné, mais qui conserve un air de naturel. C'est pourquoi, chaque année, je demande à Iwaku de revenir travailler et soigner, dans cet esprit, les arbres et les plantes. Le salon s'ouvre sur le jardin tout comme ma chambre et le bain japonais. Je peux ainsi contempler ce magnifique "paysage" depuis tous mes lieux de vie. » Kenzo a lui-même décoré sa maison, usant d'une grande liberté puisqu'il a associé meubles anciens japonais, fauteuils Louis XV et objets d'art contemporains.

Le jardin est un lieu propice à la méditation et à l'inspiration créatrice : « Bambous, roses, iris stimulent mon imagination par leur beauté, leur simplicité. » Kenzo aime aussi y sentir le passage des saisons. « J'apprécie particulièrement le début du printemps, quand les bourgeons du grand cerisier, taillé en ombelle, éclatent et l'automne, quand l'érable devient tout rouge. J'aime aussi planter en pots des pivoines, des iris, des chrysanthèmes et m'absorber dans la contemplation de mes carpes cheminant dans l'eau. » C'est ainsi qu'à Paris, Kenzo a réussi à vivre comme au Japon !

*À droite :* érables et fougères
mêlent leurs feuillages raffinés.

*Double page suivante :*
la profusion de feuillages
– ceux du saule pleureur,
des érables et des bambous –
donnent au jardin son allure
luxuriante.

## *La luxuriance d'un jardin*
# MOGHOL

IL EXISTE TOUJOURS, RIVE GAUCHE, DE LARGES AVENUES OMBREUSES
DONT LE CALME RAPPELLE UN PASSÉ BUCOLIQUE. DERRIÈRE
LEURS FAÇADES DU XIXᴱ SIÈCLE, CERTAINS IMMEUBLES,
DOTÉS DE JARDINS PRIVÉS, TÉMOIGNENT DU FAIT QU'ICI, IL N'Y A PAS
SI LONGTEMPS, C'ÉTAIT ENCORE LA CAMPAGNE.

Parmi ces jardins, il en est un tout à fait exceptionnel, qui est l'œuvre patiente et inspirée, née de la collaboration d'un amateur éclairé et du paysagiste Robert Bazelaire. En pénétrant dans l'appartement qui ouvre, par ses portes-fenêtres, de plain-pied sur le jardin, on est saisi par la vision, tellement inattendue à Paris, d'un jardin exotique dont la végétation offre le spectacle d'une beauté tout orientale.

À l'origine, il n'y avait là qu'un ensemble sans surprise, composé d'une pelouse et de quelques plantes vivaces. La propriétaire, qui est indienne, décida d'inventer un jardin rappelant, d'une certaine manière, sa terre d'origine.

La surprise, en arrivant ici, tient à la brusque plongée dans une atmosphère envoûtante. La richesse des verts et des bleus, l'étonnante douceur de la lumière filtrée par les feuillages, la présence d'un gazon parfait, tout suscite la sensation d'une délicatesse si exquise que, au cœur de ce jardin, on se sent à l'abri comme dans une maison chaleureuse.

Cette luxuriance est le fruit d'une orientation plein sud et de la protection apportée par les murs habillés de vigne vierge et doublés, par endroits, de hauts bambous. Si les murs abritent le jardin du vent et du froid, ils n'empêchent cependant pas le meilleur soleil – celui de midi – de pénétrer largement ici, de telle sorte que l'endroit est un véritable cocon. Rien ici n'est rectiligne ou anguleux, la cohésion de l'ensemble se dit tout en nuances et courbes douces. Devant la maison, pousse un néflier japonais à l'ombre légère, près d'une grande pelouse occupée par un saule pleureur et traversée d'un ravissant ruisseau, bordé de hautes herbes. Un massif de *Cornus* et de

Un ruisseau serpente
dans le jardin.
Buste d'un bouddha posé
au pied d'une fougère
arborescente imprégnant
d'une dimension religieuse
la luxuriance de ce jardin.

Autour d'un rocher verdi par
les mousses, des primevères
et des *Iris japonica* bleu
roi forment un tableau
enchanteur.

pivoines arbustives, au centre, ouvre des passages sur un autre jardin mi-clos, à la pelouse si parfaite qu'elle fait l'effet, avec sa ceinture de fougères tropicales, d'une nappe d'eau verte. Des pierres plates sont posées sur le gazon qu'elles ponctuent à intervalles irréguliers, pour amener le promeneur à interrompre sa marche et à poser son regard sur les plantes voisines.

Les bifurcations possibles sont nombreuses et on peut, à chaque promenade, découvrir de nouveaux aspects du jardin. Peu d'espèces y sont cultivées, mais celles qui ont été retenues sont déclinées en de nombreuses variétés. Les bambous occupent peu d'espace, mais donnent l'impression d'une véritable « jungle », parce qu'il en pousse ici environ vingt-cinq variétés. *Arundinaria viridistriata*, à forme renflée, côtoie *Phyllostachys nigra*, à cannes noires et reflets violacés. Il en est de même pour les fougères tropicales ou pour les érables.

Ce choix de collectionneur donne l'image de l'abondance, mais il réfléchit toujours beaucoup de nuances. Un semblable souci de raffinement paraît avoir déterminé le choix des feuillages.

Le néflier a une feuille oblongue finement dessinée, le saule, un feuillage frêle. Celui des érables qui évoque une pluie légère, ressemble à celui des fougères. Tous ces feuillages adoucissent la lumière qui donne à l'ensemble des nuances enchanteresses.

Placé sous le signe des saisons, ce jardin marque le temps qui passe par la diversité de ses couleurs. L'hiver, ce sont les tonalités de la lumière qui dominent, avec le blanc et le jaune des perce-neige, des hellébores, des bruyères et des crocus. Un mois plus tard, viennent les bleus qui annoncent le printemps, avec les iris à bulbes, les violettes, les jacinthes parfumées et les muscaris. La fin de saison se clôt avec les rouges et les jaunes.

Diverses sensations accompagnent le visiteur. D'abord furtif, le bruit de l'eau devient petit à petit un glissement soyeux, léger, puis se mue en un vrai murmure. Comme l'eau, le vent qui bruit à la cime des bambous, amène d'autres sensations parfumées : parfums mêlés des gardénias, des tubéreuses et des jasmins. Des roches aux formes surprenantes marquent le jardin comme autant de présences humaines. Un bouddha les accompagne. Il n'a plus de tête. Sans doute est-ce parce que le jardin tout entier figure son sourire…

# *Un jardin*
# ORIENTALISTE

DANS CE QUARTIER DU 7ᴱ ARRONDISSEMENT, BEAUCOUP
DE JARDINS ONT ÉTÉ CRÉÉS SUR DE GRANDS ESPACES AUTREFOIS
OCCUPÉS PAR D'ANCIENS ATELIERS D'ARTISANS.

Au fur et à mesure de leur faillite économique, ces ateliers ont été rem-
placés par des jardins, fort prisés dans ce quartier. C'est le cas de celui-ci.
À l'origine, ce n'était qu'une courette entourée de plusieurs maisons à étages
qui, à la fin du XIXᵉ siècle, servaient d'ateliers de fabrication de faïences.
Lorsqu'il a repris les lieux, le propriétaire décida de conserver quelques bâtiments pour en faire une maison et de maintenir les différents niveaux pour
les transformer en terrasses qui surplomberaient le jardin prévu à la place de
la courette centrale. Son projet d'un jardin orientaliste prit corps à partir de
l'existence de précieux murs de faïence bleue qui ont déterminé le choix de
dessiner un jardin exotique. Avec la collaboration de l'architecte Paul Nataf
et du paysagiste Michel Boulcour, le jardin fut découpé en trois niveaux : le
premier imaginé comme une promenade en terre sèche, avec une cabane
africaine ; le second, comme un jardin humide, avec un grand rocher et une
source ; le dernier, comme un jardin de lumière, un jardin blanc et ensoleillé,
tout proche de la maison. « Je me suis souvenu, en m'installant ici, explique
le propriétaire, d'une visite faite, lorsque j'étais enfant, à la maison de George
Sand à Nohant, et d'une ravissante cabane ayant l'allure d'une case africaine,
faite d'un beau treillis de bois plein et coiffée de chaume. J'ai eu envie de
refaire la même et de la placer dans l'angle du mur, sur la promenade en
terre sèche. » Un hydrangéa lierre couvre tout le mur du fond.

Sur la terrasse humide,
la grotte entourée de fougères
et d'arums est coiffée d'un
hydrangéa à fleurs mauves.

Quelques marches de pierre permettent de descendre vers le jardin humide. Là, le propriétaire a eu l'idée originale d'installer un grand rocher ramené de Saint-Jean-de-Beauregard. Posé sur des blocs de pierre placés latéralement, le rocher forme comme une grotte, d'où s'échappe l'eau d'une source qui serpente en dessinant un joli ruisseau. Le haut de la roche est habillé par des massifs de buis taillés en boule et par un groupe d'*Hydrangea aspera* 'Villosa' dont les fleurs, de tonalité mauve, sont à tête plate. En contrebas, d'autres massifs de buis entourent la roche. À son pied, sont plantés des hostas aux larges feuilles semblables à celles des nénuphars, avec des reflets bleu-vert, comme des bouquets de fougères, et une multitude d'arums dont la corolle d'un blanc pur et lumineux éclaire la « grotte ». Un cognassier étend contre la roche quelques-unes de ses branches légères aux feuilles vert tendre. De ravissants *Iris japonica*, d'un bleu intense, animent ce fond sombre. Dans le même esprit, des clématites sont dispersées sur le rocher qu'elles égayent en compagnie de quelques touffes d'hémérocalles.

*À gauche :* le jardin de lumière
de la troisième terrasse.

*Ci-dessous :* des bouquets
de fougères, d'arums et
d'hostas habillent la grotte
entourée de boules de buis.
Tourbillon de l'escalier
à vis intégré comme
une plante grimpante.

Fermant ce second niveau, d'autres boules de buis amorcent l'arrondi de la troisième terrasse. Sur le blanc cassé du gravier, par bouquets, se détachent les fleurs d'hostas, blanches elles aussi. Une table et quelques chaises font de ce jardin de lumière sur lequel s'ouvrent de larges portes-fenêtres un lieu très agréable pour déjeuner ou dîner. Aux trois quarts ensoleillée, cette terrasse est abritée sur sa dernière partie par les branches d'un grand tilleul. Sur le mur, des rosiers lianes palissés, *Rosa* 'Kiftsgate', très florifère, à roses blanches, soulignent cette allure de luxuriance que possède l'ensemble du jardin. Un *Cornus*, aux feuilles vert clair, légères et raffinées, associé à de ravissantes pivoines blanches, et quelques hydrangéas finissent d'habiller, avec beaucoup d'élégance, ce dernier niveau situé au pied de la maison. Un escalier en colimaçon conduit à une petite terrasse qui coiffe la maison et d'où l'on domine l'ensemble du jardin. Là, balustrade et claustras sont couverts de lierre, quelques pots avec des camélias simples, rose et blanc, y prennent le soleil.

Dans ce jardin, le propriétaire se plaisait à organiser de vraies fêtes. Ainsi, à Noël, le jardin décoré de boules était un lieu enchanteur pour les enfants, tandis qu'à Pâques, ils adoraient dénicher les cadeaux déposés par les cloches derrière les buis et jusqu'au fond de la grotte ! Pendant les longues soirées du printemps, éclairé à la bougie, le jardin prend une allure féerique.

Aujourd'hui, il a changé de main, mais les nouveaux propriétaires ont conservé sa structure si originale. Collectionneurs d'art contemporain, ils ont placé près de l'escalier en colimaçon un géant de bronze qui ajoute à l'ensemble une note d'étrangeté. Deux lions antiques marquent à présent le seuil du jardin qui demeure le centre d'intérêt de cette maison.

La cabane africaine installée
sur la terrasse sèche.
Au premier plan, l'entrée de
la grotte entre les fleurs
mauves de l'*Hydrangea aspera*
'Villosa' et les taches
blanches des arums.

# *Le jardin méditerranéen*
## *de* RENATA

LA STYLISTE RENATA CHERCHAIT UNE MAISON AVEC UN JARDIN
POUR Y ÉTABLIR SA FAMILLE ET LES ATELIERS OÙ ELLE COMPOSE
SES MERVEILLEUSES COLLECTIONS DE ROBES EN SOIE.

C'est entre Montparnasse et Saint-Germain, près de la rue de Rennes, qu'elle l'a trouvée, nichée dans une rue tranquille, au charme provincial. Si l'idée d'habiter une grande maison bourgeoise du début du siècle l'enchantait, le jardin en était un élément essentiel, indissociable à ses yeux d'un certain art de vivre. « Un jardin, explique-t-elle, est pour moi à la fois un lieu de recueillement et de joie. J'ai donc été ravie d'apprendre qu'ici, au XVIIIe siècle, se trouvait un couvent de carmélites ! Pour moi, en effet, la création d'un jardin relève d'une démarche spirituelle. L'amour des plantes, le lien avec la Nature sont deux choses dont je ne peux plus me passer.

Lorsque nous nous sommes installés, il n'y avait qu'un terrain vague, rempli de lierre et de gravillons : une pitié. J'avais l'impression que l'endroit avait été mal aimé. Mais le volume était satisfaisant de même que l'orientation plein sud. De l'autre côté du mur, un magnifique platane centenaire dominait tout le jardin de sa présence et lui donnait, pour un bon quart, son ombrage. Moitié ombre, moitié soleil, c'était un endroit qui m'inspirait, qui pouvait être plein de nuances. Il nous a séduits, mon mari et moi, parce que nous le trouvions en accord avec nous. Il faut savoir que je suis allemande et mon mari méditerranéen. Ma sœur, Ulricke Klages, agronome et paysagiste, a donc

Le jardin, vu depuis
la porte-fenêtre du salon.

La pergola est couverte
de roses aussi jaunes
que les grappes de fruits
des palmiers.
Un groupe d'Amours égaré
dans un massif de bambous
'nigra' à cannes noires.

travaillé sur ce rapport Nord-Sud. Le soleil est là de 11 heures du matin à 20 heures, à la belle saison. Côté ensoleillé, nous avons planté des palmiers, des yuccas, un hibiscus, une glycine à fleurs blanches, un camélia blanc lui aussi et, tout proche, un magnolia dont les feuilles vernissées indiquent qu'il s'agit là, comme le camélia, d'arbres de pays chauds. Nous avons fait construire une pergola, à l'assaut de laquelle grimpent les rosiers. Elle est pour nous un enchantement. De la maison, nous adorons regarder le jardin. »

Ulricke Klages a donné au jardin plus de volume et de profondeur en aménageant quelques monticules de terre où, aujourd'hui, sillonne un chemin entre des rhododendrons. Cette partie surélevée, placée en diagonale, dynamise tout l'espace alors que le terrain plat était statique.

Côté ombre, des massifs de rhododendrons, des géraniums odorants, des impatientes apportent des notes claires. On y trouve aussi un coin de fougères et des bambous, *Phyllostachys nigra*, au bois noir raffiné et au feuillage frêle et élégant. Une ravissante glycine mauve et des roses blanches grimpent sur les murs de la maison. Des palmiers accompagnent ce foisonnement. La terrasse est bordée, sur une avancée, d'une nappe d'helxine que l'on pourrait confondre avec l'eau d'un bassin recouvert de lentisques et qui apporte une note lisse et fraîche. De cette nappe s'échappent des troncs de yuccas.

Sur la façade baignée de soleil,
la délicieuse fraîcheur des
fleurs de rhododendrons.

« C'est là que nous installons fauteuils et canapés pour nous reposer, lire, prendre le thé. Pour que le jardin soit plus encore le prolongement de la maison, nous avons fait percer un mur et créé un patio. Ainsi, le dedans et le dehors se confondent, le jardin est vraiment lié à l'habitation. J'ai aussi intégré le jardin à mon travail et, sur le conseil de ma sœur, nous avons fait en sorte qu'il soit un trait d'union avec l'atelier. Ma vie professionnelle n'est pas séparée de ma vie privée, ni de mon jardin qui l'inspire parfois. »

Lorsqu'elle traverse le jardin pour se rendre à son atelier, Renata s'arrête en chemin pour arroser ou enlever quelques mauvaises herbes… « Je m'attarde parfois une heure, "en passant", dit-elle. Mon mari qui ignorait tout des plantes et ne savait absolument rien faire pousser, est devenu un amateur fervent du jardinage. Il soigne les plantes, utilise des insecticides biologiques pour préserver les oiseaux… Comme, en hiver, il fait moins froid à Paris, mésanges et rouges-gorges viennent se réfugier chez nous. Écouter le merle chanter pour nous chaque printemps, voir les camélias fleurir à Noël, et les roses, une grande partie de l'année – certaines ne s'éteignent qu'aux premiers gels de janvier –, tout cela apporte à notre vie de citadins une autre dimension. »

## Index des paysagistes cités

## *Remerciements*

Merci à tous ceux qui nous ont ouvert leur jardin, à ceux aussi qui nous ont aidés à réaliser ce livre

Achevé d'imprimer en août 2014 par Printer Portuguesa (Portugal).